왜
소크라테스는
독배를
마셨을까?

07
역사공화국
세계사법정

교과서 속 역사 이야기, 법정에 서다

아니토스 vs 소크라테스

왜
소크라테스는
독배를
마셨을까?

글 육혜원 · 그림 박상철

|주|자음과모음

기원전 5세기에 아테네는 오늘날과 같은 대의 민주주의가 아니라 직접 민주주의를 행하여서 '폴리스'라는 도시국가 안에 사는 시민이라면 누구나 정치에 참여할 수 있었습니다. 하지만 여성과 어린이, 외국인, 노예는 시민권이 부여되지 않아 정치에 참여할 수 없었지요.

아테네 역사상 민주정이 가장 발전했던 시대는 페리클레스 장군이 집권하던 때였습니다. 당시 아테네는 그리스의 어느 폴리스보다 훌륭하게 민주 정치를 펼쳤지요. 이 책의 주인공인 아테네의 철학자 소크라테스도 바로 페리클레스 시대에 태어났습니다. 아테네는 페르시아 전쟁에서 승리한 이후, 에게 해 주변과 이오니아 지방에 있던 폴리스들과 델로스 동맹을 맺어 그리스 인의 자유를 수호했지요. 페리클레스는 델로스 동맹을 맺은 다른 도시국가들도 아테네와 같이 문화를 꽃피우고 민주 정치를 펼치길 바랐습니다. 하지만 그는 아테네가 페르시아처럼 넓은 영토를 정복해 거대한 나라가 되기를 바라진 않았습니다. 아테네는 델로스 동맹 국가들과 함께 폴리스를 유지하고 페르시아를 경계하며 평화롭게 살기를 원했지요.

그러나 불행히도 페리클레스가 내세운 '아테네는 헬라스(고대 그리스 인이 스스로를 가리키는 말)의 학교이다'라는 슬로건을 이해하고 지지한 도시국가는 없었습니다. 페리클레스가 델로스 동맹을 유지하기 위해 각 동맹국들에게 민주정을 촉구했을 때, 그 뜻을 따르는 동맹국은 드물었습니다. 오히려 많은 국가가 아테네를 경계했지요. 부유한 아테네를 부러워하긴 했지만, 점점 세력이 강력해지는 아테네를 좋아하진 않았던 것입니다.

따라서 당시 상황은 페리클레스가 원하던 방향으로 흘러가지 않았습니다. 아테네는 대외적으로는 주변 도시국가들과 다투게 되었고, 내부적으로는 가난한 시민들에게 나누어 줄 일과 재정이 부족해졌지요. 나라 안팎으로 어려움에 부닥치게 되었던 것입니다.

소크라테스는 아테네가 정의로운 도시국가가 되길 바랐습니다. 그런데 스파르타를 중심으로 한 다른 그리스의 도시국가들은 아테네가 강력해지는 것을 우려해, 펠로폰네소스 전쟁(기원전 431~기원전 404년)을 일으켰습니다. 이때 마침 아테네에 흑사병이 돌아 많은 사람들이 죽게 되었고 페리클레스도 병을 얻어 죽고 맙니다. 결국 아테네는 전쟁에서 지고 말았지요.

소크라테스는 전쟁이 끝난 어지러운 상황에서 아니토스에게 고발당했습니다. 소크라테스는 아테네 인이 자신의 철학을 이해하지 못하는 것을 안타까워하며, 민회에서 자신이 무죄임을 설득하려 했지요. 그러나 아테네 민주정은 소크라테스를 사형시켰고, 아테네 역사에 큰 오점을 남겼습니다. 자, 이제 소크라테스에게 어떤 일이 있었는지 함께 살펴볼까요?

육혜원

차례

이대네 시민은 민주적인 분위기에서 토론을 즐겼다. 따라서 웅변술이나 문상술을 가르치는 소피스트가 나타났다. 사람들은 소피스트가 단순히 논쟁에서 이기기 위한 논법에만 힘썼기 때문에 궤변가라고 부르기도 했다.

소크라테스는 소피스트에 반대하여 객관적 진리를 강조하였다.

중학교	사회	Ⅰ. 유럽 세계의 형성
		  1. 고대 지중해 세계
		   －지중해 문명

		Ⅰ.유럽 세계의 형성
		  1. 고대 지중해 세계
		   －그리스의 민주 정치

폴리스는 그리스 사람들의 생활 터전으로 같은 조상을 모시고, 같은 산에 대한 의식을 거행하는 혈연으로 묶인 사람들의 공동체이다. 즉 폴리스는 정치, 경제, 사회 생활의 기본적인 단위였다.

그리스의 폴리스는 민주 정치와 자유로운 시민 생활을 영유하며 합리적이고 인간 중심적인 문화를 발전시켰다. 이들은 신도 인간과 똑같은 모습과 감정을 갖고 있는 것으로 믿었다. 기원전 5세기 무렵 아테네에서는 소피스트가 수사와 변론을 가르치며 진리의 주관성을 강조하였다. 그러나 소크라테스는 이에 반대하여 보편적인 진리의 존재를 주장했고, 그의 제자인 플라톤은 초월적인 이데아에 바탕을 둔 이상 국가를 구상했다.

| 고등학교 | 세계사 | II. 문명의 새벽과 고대 문명
4. 고대 지중해 세계
 – 폴리스의 성립 |
| | | II. 문명의 새벽과 고대 문명
2) 그리스 민주 정치의 발전 |

아테네에서는 기원전 7세기 초에 소수의 귀족들이 왕권을 제한하는 과두제가 수립되었으며 이후 기원전 6세기 초에는 평민들에게도 참정권을 부여하는 개혁이 솔론에 의해 이루어졌다. 아테네의 민주주의는 기원전 5세기, 페리클레스 시대에 완성되었으며, 이때 민회가 실질적인 입법권을 갖게 되었다.

아테네의 세력이 갈수록 커지자 스파르타 중심의 펠로폰네소스 동맹에 속한 폴리스들이 위협을 느껴 대항함으로써 펠로폰네소스 전쟁이 일어났다. 아테네는 전쟁 중에 페리클레스를 잃었으며 민주 정치는 중우 정치로 변질되었다.

기원전

2333년	단군, 고조선 건국
2000년	후기 신석기 문화 형성
1500년	중국 동북 지방, 청동기 문화 전래
700년	고조선의 등장
300년	철기 문화 시작 연나라, 고조선 침입
200년	삼한 시대 시작
195년	위만, 고조선에 망명
194년	위만 왕조 성립
109년	한 무제, 고조선 침략
108년	고조선 멸망, 한4군 설치

기원전

492년 페르시아 전쟁

477년 델로스 동맹 결성

469년 소크라테스 탄생

463년 페리클레스, 아테네의 장군으로 임명

461년 아테네 민주정의 전성기 시작

448년 페르시아 전쟁에서 그리스 승리

433년 펠로폰네소스 동맹 결성

431년 펠로폰네소스 전쟁

404년 아테네의 패배와 스파르타의 그리스 지배

403년 아테네 민주정 회복

399년 소크라테스 처형

원고 아니토스(?년~?년)

나는 아테네의 장군인 아니토스요. 나는 민주주의자로, 아테네 민주정을 비판한 소크라테스를 기소해 재판에 세웠소. 그런데 소크라테스가 처형당한 후에 억울하게도 아테네에서 추방당했다오.

원고 측 변호사 김딴지

딴죽 걸기의 명수 김딴지 변호사야. 나는 사람들에게 알려진 역사가 모두 진실이라고 생각하지 않아. 역사 속 패자들의 입장도 살펴볼 필요가 있는 법이지. 나는 정말 패기 넘치는 변호사란다.

원고 측 증인 프로타고라스

나는 기원전 5세기경 최고의 소피스트로 불리던 프로타고라스라고 하오. 소피스트라는 말은 들어 봤겠지? 그 명칭을 내가 처음으로 말했다오. 당시에 나는 시민들에게 아주 인기가 많았고 페리클레스 장군과도 매우 친했다오.

원고 측 증인 크리톤

나는 피고 측 증인 크리톤이라 하오. 소크라테스의 오랜 친구인 나는 그에게 탈옥을 권유했었지만 그는 끝내 거부했다오.

판사 명판결

나는 역사공화국에서 공정하기로 소문난 명판결 판사입니다. 역사에 대한 호기심과 공정한 판결을 위한 노력은 나를 능가할 판사가 없지요.

피고 소크라테스(B.C. 469년? ~ B.C. 399년)

고대 그리스 아테네의 철학자요. 철학이란 자기 자신에 대한 깊은 사유라고 생각했지요. 나는 젊은이들을 타락시키고 신을 믿지 않았다는 이유로 사형을 당했어요. 하지만 후대 사람들은 나를 서양 철학의 위대한 인물로 평가하며, 4대 성인의 한 명으로 꼽는다더군.

피고 측 변호사 이대로

역사공화국의 이름난 변호사 이대로라고 해. 기존의 역사적 평가는 모두 이유가 있다는 확신을 가지고 있지. 역사적 진실은 쉽게 변하지 않으니까!

피고 측 증인 디오게네스

나는 기원전 3세기 경에 고대 그리스에서 활동한 철학사가 디오게네스라오. 내가 남긴 철학자 이야기 덕에 그대들이 그리스 철학자에 대해 잘 알 수 있는 것이라오.

피고 측 증인 플라톤

나는 고대 그리스의 철학자요. 젊었을 때는 정치를
지망했으나, 나의 스승인 소크라테스가 사형당하는
것을 보고 정치에 대한 미련을 버렸다오.

피고 측 증인 에우티프론

나는 소크라테스의 재판이 열리기 전, 법정 앞에서
그와 마주쳤지. 그때 나눈 이야기를 이제 증언해 볼
까 하오.

피고 측 증인 배시므레스 (가상의 인물)

나는 소크라테스 재판 때 배심원으로 참석했었다오.

"소크라테스가 아테네 민주정을 비판했다고?"

김딴지 변호사는 주말을 맞아 소크라테스의 일대기를 읽고 있었다. 의뢰가 들어온 소송도 없고 모처럼 한가한 이때, 역사책이 아닌 다른 서적들을 좀 읽어 보려는 생각이었다.

"하, 이거야 원, 무슨 소린지……."

김딴지 변호사는 책을 탁 덮고 차가운 얼음물을 한 잔 마시며, 창밖의 먼 산을 바라보았다. 새 두 마리가 산 쪽으로 천천히 날아가고 있었다.

'김딴지, 자네 이승에서도 역사에 미쳐 살더니, 역사공화국에 와서도 역사책만 파는구면. 자네 같은 사람을 뭐라는 줄 아나? '역사광'이라고 하는 거야. 쯧쯧'

한가로이 창밖을 바라보던 김딴지의 머릿속에 갑자기 지난 주말에 만난 오깐죽 선배의 말이 떠올랐다. 재미난 역사 영화가 개봉했다기에 일 년 만에 영화관에 갔다가 거기서 딱, 철학과의 오깐죽 선배와 마주쳤던 것이다. 이승에서 유일하게 김딴지와 맞먹을 만한 딴죽쟁이였던 오깐죽!

"에이, 그 선배는 누가 오깐죽 아니랄까 봐 만난 깐죽댄다니까."

김딴지는 창문을 쿵 닫으며 혼잣말을 했다.

"자네, 오늘도 저 역사 영화에 딴죽 걸 일 없나 보러 왔지? 더 나이 먹기 전에 여자 친구도 사귀고 그러라고. 그래, 아직도 이소크라테스와 소크라테스를 구분 못 하나? 하하."

이승에서부터 역사에 대해서는 남 못지않게 공부했지만 철학이나 문학 쪽으로는 젬병이라는 소리를 들어 오던 김딴지였다. 한번은 강의 시간에 이소크라테스를 '이, 소크라테스'라고 읽어서 망신을 당한 적이 있었다. 하지만 여기 역사공화국에까지 와서 그런 말을 듣고 싶지는 않았다.

"아이고, 선배 이제 저도 철학에 대해 좀 안다고요!"

김딴지가 오깐죽 선배에게 소리쳤다.

"허, 그래? 그럼 이제 자네도 철학에 입문한 건가? 그래, 철학이란 말이지, 소크라테스가……."

오깐죽이 한 손을 턱에 괴고 말했다. 이건 필시 일장 연설을 늘어놓으려는 낌새! 한번 시작하면 멈출 줄 모르는 오깐죽의 잘난 척! 김딴지 변호사가 서둘러 말했다.

"그, 근데, 선배! 지금 영화 시간이 다 돼서……. 아, 아니, 갑자기

집에 일이 좀……. 나, 나중에 뵐게요!"

오깐죽 선배에게서 멀리 달아난 김딴지는 한숨을 내쉬었다.

"휴, 하마터면 또 걸려들 뻔했네."

하지만 영화 시작 시간은 아직도 30분이나 더 남아 있었다.

"이제 뭘 한담……. 그래, 소송도 끝났는데 철학책이나 한번 읽어 볼까?"

김딴지 변호사는 영화관 건물 안의 서점으로 가서 철학 입문서 열 권을 골랐다.

"두고 보자, 오깐죽. 언젠간 콧대를 납작하게 눌러 주지. 나, 김딴지는 역사책뿐 아니라 다른 책도 많이 읽는 박학다식한 변호사란 말씀!"

김딴지는 다시 소파에 앉아 소크라테스에 관한 철학책을 집어 들었다.

"거참, 이때는 이런 궤변이 통하는 시대였나 보군. 요즘 같으면 사이비 종교 단체라고 떠들어 됐을 텐데 말이야. 어렵군, 어려워……."

김딴지 변호사는 머릿속이 복잡해져서 애꿎은 머리만 긁적였다. 소크라테스에 대해 역사적으로 해석한 글을 많이 읽어 왔지만, 그의 사상이나 철학에 대해서는 별로 아는 바가 없었다.

"뭐, 내가 꼭 소크라테스의 사상을 알아야 하는 건 아니지. 오깐죽 선배 따위야 뭐 깐죽거리기만 잘하는 속 빈 강정 아니겠어? 내가 알고 싶은 건 왜 소크라테스가 사형을 당했나, 이거라고. 이거야말로 변호사로서 당연히 알아야 할 점이지! 어디 한번 알아볼까나……."

김딴지 변호사는 책을 펄럭펄럭 넘겨 소크라테스가 사형을 당한 일화부터 훑어보았다. 책을 다 읽고 난 그는 한동안 골똘히 생각에 잠기는 듯하더니 옆에 있던 수화기를 집어 들었다.

"네, 역사공화국 114지요? 저, 고대 그리스 아테네에 살았던 아니토스라는 분의 연락처를 좀 알고 싶습니다."

김딴지 변호사는 114에서 알려 준 번호로 전화를 걸었다. 여러 번 신호가 간 후에 중후한 목소리의 한 남자가 전화를 받았다.

"여보세요."

"아니토스? 저는 역사공화국에서 가장 뛰어난 변호사, 김딴지입니다. 하하."

"아, 그러시오? 그, 그런데 무슨 일로……?"

"예, 다름이 아니라 소크라테스와 관련된 일로 제안하고 싶은 일이 있어서요."

"뭐? 소, 소크라테스요?"

순간, 아니토스의 목소리에 당황한 기색이 역력했다. 김딴지 변호사는 그것을 눈치채고 잽싸게 말을 이었다.

"아, 선생님을 비난하려는 게 아닙니다. 그게 그러니까…… 선생님이 생전에 소크라테스를 상대로 소송을 거셨던 걸로 아는데요. 그런데 저를 비롯한 대부분의 사람들이 선생님의 이름조차 기억하지 못합니다. 설사 기억하더라도 소크라테스를 죽인 못된 사람으로 알고 있지요. 하지만 제가 보기에 선생님은 아테네의 민주정을 지키고자 힘쓴 분인 것 같은데요, 아닌가요?"

김딴지 변호사의 말에 아니토스는 흠흠, 헛기침을 한 번 하고는

반색하며 말했다.

"아이고, 살다가……, 아니 죽어서 이렇게 반가운 전화를 다 받다니! 김딴지 변호사라고 하셨소? 댁 말대로 현대 민주주의의 근간이 된 아테네의 민주주의를 지키고자 힘썼던 인물이 바로 나, 아니토스요. 그런데 사람들은 나를 존경하기는커녕 아테네의 민주주의를 비방했던 소크라테스만 칭송하지. 허나 소크라테스는 민주주의 체제를 무너뜨리려 했던 자요."

"네, 바로 그 점입니다! 그래서 제가 전화를 드린 거고요. 선생님, 저는 세상일에 딴죽을 걸기로 유명한 변호사입니다. 저와 함께 다시 한 번 소크라테스에게 딴죽을 걸어 보는 건 어떨까요? 그러니까…… 소송을 거시라 이 말입니다!"

"소, 소송이오?"

"네, 자세한 내용은 직접 만나서 말씀드리지요. 제가 반드시 당신의 잃어버린 명예를 되찾아 드리겠습니다!"

"호오, 소송이라. 안 그래도 분하고 억울한 마음이 풀리지 않아, 이곳 역사공화국에 와서도 매일 밤 가슴을 치며 잠드는데……. 알았소. 내 한 번 찾아가지요! 천천히 이야기를 나눠 봅시다."

"네, 아주 잘됐습니다. 아, 그리고, 제가 먼저 소송을 걸라고 제안한 건 아무한테도 말하면 안 됩니다. 아무래도 모양새가 좀……. 아셨지요?"

"허허, 알겠어요. 내가 곧 찾아가지요."

김딴지 변호사는 아니토스와 만날 약속을 정하고 전화를 끊었다. 그는 마음이 후련한 듯 한껏 기지개를 켰다.

'흐음, 충분히 승산이 있는 싸움이야. 소크라테스라는 인물에게 딴죽을 걸다니, 역사공화국 영혼들이 모두 깜짝 놀랄걸! 천하의 위대한 철학자도 역사 속에선 재평가 받을 수 있다는 걸 보여 주겠어!

김딴지 변호사는 두 주먹을 불끈 쥐었다.

소크라테스 시대의 철학

　소크라테스가 태어난 당시 아테네는 문화와 예술이 주위 어느 나라보다 번성해 있던 곳이었습니다. 하지만 27년 동안이나 계속된 펠로폰네소스 전쟁을 겪으며 아테네의 전성기도 저물기 시작했지요. 전쟁에 군인 자격으로 3번이나 참전한 소크라테스는 전쟁의 원인을 돈 때문이라고 생각했습니다. 그래서 돈보다 정신이 중요하다고 여겨 무지에서 깨어나 지혜를 찾아야 한다고 주장했습니다. 바로 철학에 대해 고민하기 시작한 것이지요.

　그리스 어인 필로소피아에서 나온 말인 '철학'은 사랑을 의미하는 '필로스'와 지혜를 의미하는 '소피아'가 합쳐진 말입니다. 풀이를 하면 '지혜를 사랑한다'는 뜻이 됩니다. 그리고 소크라테스는 스스로를 '지혜를 사랑하는 자'라는 의미에서 '필로소포스'라고 불렀다고 합니다. 소피스트들과 구별하기 위해서였지요.

　소크라테스 당시 고대 철학은 '인간이 무엇으로 만들어졌는지', '인간의 존재 의미는 무엇인지'에 대해 끊임없이 연구했습니다. 또한 당시 그리스의 철학자들은 주로 우주의 원리에 대해 말했지만, 소크라테스는 자기 자신에 대한 물음을 철학의 주제로 삼고는 했습니다. 그래

파르테논 신전을 비롯한 수많은 신전들이 있는 아테네의 아크로폴리스 언덕

서 소크라테스는 자신의 영혼이 얼마나 중요한지 얘기하고 다니며 사람들과 소중한 것에 대하여 이야기를 나누는 것을 즐겼습니다. 소크라테스의 제자였던 플라톤에 따르면 소크라테스는 조각가였던 아버지를 따라 조각을 하면서 다른 청년들처럼 철학과 천문학 등을 배웠습니다. 40세 이후에는 교육자로 청년들을 가르치는 데 힘썼습니다.

소크라테스는 사람들이 자신에게 질문을 하면 물어본 사람에게 다시 질문을 하고는 했습니다. 그리고 상대방이 답을 하면 다시 그 답에 대한 질문을 하여 대화를 하며 답을 찾아나갔지요. 그래서 청년들은 '이 세상에 소크라테스보다 현명한 사람은 없다.'라고 말하며 그를 칭송했습니다. 하지만 소크라테스의 이런 인기와 철학 방법은 당시 높은 자리에 있는 사람들에게 눈에 가시가 되고 맙니다.

| 원고 | 아니토스 | 대리인 | 김딴지 변호사 |
| 피고 | 소크라테스 | 대리인 | 이대로 변호사 |

청구 내용

나, 아니토스는 소크라테스가 지금과 같이 유명해진 것은 내가 그를 고발한 사건이 한몫했기 때문이었다고 생각합니다. 나는 소크라테스가 독배를 마실지 몰랐습니다. 아테네에서 사형 선고를 받았던 다른 사람들처럼 도망갈 거로 생각했지요. 소크라테스는 얼마든지 도망갈 수 있었지만, 스스로 죽음을 택했습니다. 정의로운 삶을 원했던 사람이 왜 정의롭지 못한 법을 그대로 받아들이고 죽음을 택했는지 알 수 없습니다.

여러분도 아시다시피 오늘날에도 민주주의의 최고 덕목은 '자유'입니다. 아테네에서도 마찬가지였지요. 우리는 자유를 방해하는 어떤 것도 용납하지 않았습니다. 하지만 소크라테스의 사상 속에서 자유에 대한 이야기는 찾아볼 수 없습니다. 그는 민주정을 버리고 지식을 소유한 사람들의 나라를 만들자고 했습니다. 나는 그런 소크라테스의 말에 동의할 수 없었습니다.

나는 소크라테스의 학문적인 업적을 부정하려고 이 자리에 선 것이 아닙니다. 그의 제자 플라톤이 남긴 저서를 통해 소크라테스가 얼마나 위대한 사상가였는지 여러분도 잘 아실 겁니다. 당시 아테네의 많은 젊은이가 소크라테스의 지혜에 현혹되었지요. 오늘날에도 많은 사람이 그의 가르침을 배웁니다. 하지만 분명한 것은 그가 민주주의자는 아니었다는 사실입니다. 나는 소크라테스에 대해 후대에 과대평가된 부분을 분명히 밝히고 잃어버린 나의 명예를 되찾기 위해 세계사법정에서 소송을 제기합니다.

입증 자료

- 중학교 사회2 교과서
- 고등학교 세계사 교과서
  그 외 자료 추후 제출하겠음.

위 청구인 아니토스
역사공화국 세계사법정 귀중

소크라테스는
어떤 인물이었을까?

1 '너 자신을 알라'고 말한 소크라테스

여기는 하루도 쉬지 않고 재판이 열리는 역사공화국 세계사법정. '너 자신을 알라'는 유명한 말을 남긴 소크라테스가 법정에 나온다는 소문에 역사공화국은 며칠 내내 시끌벅적했다.

"아니, 역사공화국에는 왜 이렇게 억울한 일을 당한 사람이 많은 거야?"

그때, 명판결 판사가 검은 법복을 휘날리며 법정에 들어섰다. 웅성거리던 재판정이 일순간 고요해졌다. 판사는 재판정을 한 번 휘둘러보고 말했다.

판사 에헴, 오늘도 어김없이 많은 분이 오셨군요. 그럼 재판을 시작하도록 하겠습니다. 오늘 사건은 아테네의 정치가 아니토스가 철학자 소크라테스를 상대로 제기한 소송입니다. 그런데 한 가지 주목할 점은 원고 아니토스가 이승에서 이미 소크라테스에게 소송을 건 적이 있었다는 것입니다. 그런데 역사공화국에서 또다시 소크라테스에게 소송을 걸었군요. 그럼, 재판을 시작할까요? 먼저, 원고 측 변호인이 말씀하세요.

판사의 말에 딴죽걸기의 명수, 김딴지 변호사가 서류 뭉치를 펼치며 설명을 시작했다.

김딴지 변호사　네, 판사님. 판사님이 말씀하신 것과 같이 원고 아니토스는 이미 기원전 399년에 피고 소크라테스를 상대로 소송을 걸었습니다. 그리고 그 결과 소크라테스는 사형을 선고받았지요. 과연 그에게 아무런 잘못이 없었는데도 사형이 선고될 수 있었을까요? 그런데 사람들은 소크라테스를 위대한 철학자로 숭배하면서도, 원고 아니토스는 소크라테스를 죽음으로 내몬 악마로 생각하더군요. 이에 원고는 소크라테스의 죄를 만천하에 알리고자 다시 한 번 소송을 건 것입니다.

"그러니까 아니토스는 살아서 한 번, 죽어서 또 한 번, 소크라테스에게 소송을 걸었다는 거로군."
"아니토스의 말대로라면 소크라테스가 민주정을 반대했다는 건데, 그 죄가 가볍지 않겠는걸."

"이제 재판이 시작되니, 어디 한번 들어 보자고."

김딴지 변호사　　지금 앉아 계신 일부 방청객들이 소크라테스를 열렬히 변호하려는 것 같은데요. 여러분, 원고 아니토스가 과연 아무 이유 없이 소크라테스에게 소송을 걸었을까요? 그리고 정말 아니토스는 무고한 소크라테스를 사형시키고자 한 나쁜 사람이었을까요? 저는 오늘 이 자리에서, 아테네의 민주주의에 반기를 들었던 소크라테스의 또 다른 진실을 밝히고자 합니다.

이대로 변호사　　판사님, 이의 있습니다. 지금 원고 측 변호인은 재판이 시작되기도 전에 벌써 자신의 감정을 앞세워 피고를 모욕하고 있습니다. 이를 제지해 주시기 바랍니다.

판사　　인정합니다. 원고 측 변호인은 사실에 근거하지 않고, 피고를 비난해서는 안 됩니다.

김딴지 변호사　　존경하는 판사님, 사건에 대해 좀 더 자세히 살펴보기 위해 제가 직접 원고를 신문하고자 합니다.

판사　　좋습니다. 원고는 간단히 자기소개를 해 주세요.

아니토스　　나는 고대 그리스 아테네의 정치가였으며 민주정을 열렬히 옹호한 민주주의자였소. 그런데 아테네가 펠로폰네소스 전쟁에서 스파르타에 패배했던 기원전 404년, 아테네에는 과두정 체제였던 스파르타에 의해 민주정이 폐지됩니다. 이때 스파르타가 지원하는 '30인 참주 정부'가 들어섰어요. 그리고 아테네의 민주파 시민 1500여 명이 처형당하는 공포의 바람이 불었소.

과두정(寡頭政)이란 소수의 몇몇 사람들이 나라의 지배 권력을 장악하는 정치 체제로, 시민 다수에 의한 정치를 내세웠던 민주정과는 그 뜻이 매우 달랐소. 나는 과두정을 따랐던 '30인 참주 정부' 체제 아래 살기를 거부하고 민주정을 옹호하는 사람들과 테베로 망명했지요. 30인 참주 정부가 아테네를 장악한 동안 나는 재산을 빼앗기고 심한 고통을 당했다오. 다행히 1년 뒤, 아테네 민주정이 다시 회복되면서 정치적인 영향력을 되찾을 수 있었소. 내가 이승에서 소크라테스를 고소해 그가 사형당했던 것이 이맘때, 그러니까 정확히 기원전 399년이었다오.

김딴지 변호사　네, 그럼 원고에게 직접 묻겠습니다. 원고는 왜 소크라테스를 법정에 세웠나요?

아니토스　여러분은 민주정에 대해 어떻게 생각하시오? ▶민주정은 다수결의 원칙에 따라 최대한 많은 사람의 의견을 존중하는 논리적이고 정당한 정치 체제요. 그런데 피고 소크라테스는 이 민주 정치를 반대했지. 그리고 아테네의 신을 부정하며 청년들을 선동해 많은 사람들에게 비난받았소. 이에 나는 소크라테스를 법정에 세우게 된 것이오.

김딴지 변호사　조금 더 자세하게 설명해 주세요.

아니토스　알겠소. 먼저, 소크라테스는 국가 공직의 추첨제를 비판하여 젊은이들로 하여금 국가 제도를 경시하게 만들었소. 심지어 그는 아테네의 직접 민주 정치가 아마추어들의 놀이나 다름없다며 비판했소.

교과서에는

▶ 아테네는 민주 정치를 시행했는데, 아테네의 민주 정치는 소수가 아닌 시민 전체에게 권력이 있었습니다.

왜 소크라테스는 독배를 마셨을까?

김딴지 변호사　아니, 위대한 아테네의 민주정을 비판했다고요? 소크라테스는 왜 그렇게 말했나요?

아니토스　뭐, 자세한 내막은 그에게 듣고, 간단히 말하자면 그는 재판, 행정 등의 직무를 다 추첨이나 제비뽑기로 선출하다 보니 전문성이라곤 하나도 없다고 했소. 정치에 대해 아는 것도 없는 사람들이 나서니 나라 꼴이 이 모양이라고 하질 않나…….

이대로 변호사　그게 뭐 틀린 말입니까? 아테네는 오직 군사 전문가인 장군만 연임을 인정하지 않았나요?

원고 아니토스의 말이 채 끝나기도 전에 이대로 변호사가 끼어들자 판사가 손을 들어 이를 제지했다. 이대로 변호사는 머리를 긁적이며 자리에 앉았다.

김딴지 변호사　소크라테스는 다른 부분에서도 당시 사회를 비판했다죠?

아니토스　그렇소. 그는 병에 걸리거나 소송을 당할 때, 아버지나 친척의 도움보다는 의사나 법에 밝은 자가 더욱 유용하다고 하여 아테네 젊은이들이 어른을 공경해야 한다는 기본적인 예의도 망각하게 만들었소.

김딴지 변호사　그런 소크라테스에게 원고는 자주 충고하셨다고요?

아니토스　그럼요. 나는 여러 번 그에게 충고했지요. 한번은 그와

페리클레스

고대 아테네의 정치가이자 군인으로, 평의회와 민중 재판소, 민회가 실권을 가지도록 하는 법안을 제출해 아테네 민주정이 기틀을 마련했습니다. 때문에 아테네 민주정의 최전성기를 '페리클레스 시대'라고 부르기도 합니다.

아테네의 교육 문제에 대해서 대화를 나누고 있을 때였소. 소크라테스는 페리클레스의 아들 피랄로스와 크산티포스에 대해 헐뜯었지. 소크라테스는 현자인 아버지가 그의 아들을 제대로 가르치지 못했다며 비난했소. 그래서 나는 소크라테스에게 다른 사람을 비판하지 말라고 경고했소. 그렇지만 그는 멈추지 않더군. 게다가 그는 대화할 때마다 분명히 말하지 않고 이리저리 둘러대며 묻기만 했고, 제자들은 이러지도 저러지도 못하고 제멋대로 결정을 내리기 일쑤였다오.

이대로 변호사   거 말 좀 가려서 하시지요. 지금 피고가 험담한 부분이 바로 소크라테스의 대화법입니다. 잘 알지도 못하면서!

아니토스   그러게, 그 대화법인지 뭔지가 변죽만 울리고 얼마나 사람 속 터지게 하는지……. 그렇게 스승이라는 사람이 남의 험담만 일삼고 있으니, 그의 제자들은 어땠겠습니까?

이대로 변호사   이의 있습니다. 원고는 지금 소송을 건 이유에 대해선 설명하지 않고 피고의 험담만 늘어놓고 있습니다. 원고의 얘기는 더 이상 들을 필요도 없는 것 같으니, 이제 제가 변론해도 되겠습니까?

판사   흠, 내가 보기엔 아직 원고 측의 변론이 좀 부족한 듯한데, 뭐, 이번 재판이 소크라테스라는 인물에 초점이 집중되는 만큼 피고 측이 먼저 변론하는 것도 괜찮을 듯합니다. 원고 측의 이의가 없다면 그렇게 하지요. 김딴지 변호사, 어떻습니까?

김딴지 변호사   음, 판사님의 의견이 그러시다면 따르겠습니다. 재판이 아직 많이 남았으니 말이지요.

판사　　알겠습니다. 그럼 피고 측 변호사, 변론해 주세요.

이대로 변호사　　네. 우선 제 의뢰인인 소크라테스를 신문하겠습니다.

판사　　네, 그러세요. 피고는 간단히 자기소개를 하세요.

소크라테스는 저승에 와서까지 또다시 법정에 서게 되어 몹시 언짢은 듯 보였다.

소크라테스　　판사님, 여기서 나를 모르는 사람은 없을 것 같으니, 소개는 생략하면 안 되겠소?

판사　　음, 그래도 절차상 필요하니, 간단히 자기소개를 해 주세요.

소크라테스는 지그시 눈을 감았다가 뜨며 말했다.

소크라테스　　알았소. 여기까지 와서 또다시 법정에 서게 될 줄은 꿈에도 생각하지 못했소. 당시를 떠올리려니 새삼 감회가 새롭구먼. 먼저 나는 조국 아테네에 대해 여전히 서운한 마음이 남아 있소. 생각이 다르다는 이유만으로 나에게 사형을 집행했으니, 이 일이 아테네 민주정에 남은 치욕스러운 오명이 아니고 무엇이겠소? 다행히 나의 훌륭한 제자인 플라톤 덕분에 오늘날까지 나는 유명 인사로 살고 있기는 합니다만……. 나의 뜻을 이어받아 플라톤이 훌륭한 철학을 세워 준 것이 참으로 다행스럽소.

판사　저기 피고, 이 자리에 선 소회가 아니라 구체적인 자기소개를 해 주세요. 피고의 이름은 누구나 한 번쯤 들어서 알고 있지만, 피고에 대해 자세히 아는 사람은 생각보다 그리 많지 않습니다.

판사의 말에 소크라테스는 자존심이 좀 상한 듯 헛기침만 거푸 했다.

소크라테스　에헴, 에헴.

이대로 변호사　아, 제, 제가 말씀드리지요. 피고 소크라테스는 기원전 469년경에 아테네에서 태어났습니다. 어머니는 아이 낳는 일을 돕는 산파였고, 아버지는 석공이었는데 소크라테스 역시 어렸을 때부터 아버지를 따라다니며 석공 일을 배웠지요. 소크라테스는 어릴 적에 친구들로부터 놀림을 많이 받았습니다. 뭉텅이 코에다 눈이 개구리처럼 툭 튀어나왔기 때문에 개구리라고 놀림을 받았지요. 성인이 되어서 크산티페라는 여성과 결혼했고, 자녀도 세 명이나 얻었습니다. 대략 그의 개인적인 삶을 정리해 봤습니다. 피고 소크라테스의 철학에 대한 자세한 내용은 소크라테스의 생애에 대해 쓴 디오게네스로부터 들어 봤으면 합니다. 디오게네스를 증인으로 신청합니다.

판사　좋습니다. 디오게네스는 증인석에 나와서 선서 후 간단히 자기소개를 해 주세요.

디오게네스는 천천히 증인석으로 걸어 나와 증인 선서를 했다. 그

소크라테스의 어머니는
아이 낳는 일을 돕는 산파였고

아버지는 석공이었습니다.

소크라테스는 어릴 적에 친구들로부터
놀림을 많이 받았습니다.

소크라테스는 성인이 되어 크산티페라는
여성과 결혼했고, 자녀도 세 명이나 얻었습니다.

의 손에는 두툼한 책이 몇 권 들려 있었다.

디오게네스   나는 기원전 3세기 초에 활동한 철학사가 디오게네스 라에르티오스요. 『그리스 철학자 열전』이라는 책을 썼지요. 나의 생애에 대해서는 후대에 잘 알려지지 않았다오. 하지만 내가 철학자에 대해 남긴 이야기 덕에 여러분이 그리스 철학자에 대해 잘 알게 된 것이지요.

이대로 변호사   네, 아주 훌륭한 일을 하셨습니다. 그럼 소크라테스에 대해서도 잘 아시지요?

이대로 변호사의 말에 디오게네스는 묵직한 책을 펼쳐 보였다. 자신의 저서, 『그리스 철학자 열전』 가운데 소크라테스의 연보였다.

디오게네스   물론이지요. 내가 그에 대해 이만큼이나 썼다오.

이대로 변호사   와, 엄청나군요. 그런데 소크라테스가 본격적으로 철학에 심취한 것은 언제부터인가요?

디오게네스   그의 아버지가 죽고, 유산을 물려받은 후였습니다. 아버지가 죽기 전에도 그가 철학에 관심이 있었는지는 확실히 알 수 없습니다.

이대로 변호사   그렇다면 소크라테스는 어려서 돌을 다듬거나 조각하는 일 외에 다른 교육을 받은 적이 있나요?

디오게네스   이대로 변호사가 알지 모르겠으나 아테네의 교육에

왜 소크라테스는 독배를 마셨을까?

관한 법률을 보면 모든 아이들이 음악과 체육을 배워야 한다고 나와 있습니다. 따라서 소크라테스 역시 어렸을 때 이 두 가지 교육을 받았을 것입니다. ▶아! 소크라테스는 무신론자인 아낙사고라스와 아르켈라오스의 제자였다고도 알려져 있는데, 이러한 사실로 미루어 보아 그가 성장한 후에 자연을 탐구하는 것에도 관심을 가졌을 것으로 추측할 수 있습니다. 하지만 아리스토텔레스에 따르면, 그가 자연 과학을 배우고 난 후에 더 이상 자연을 연구 대상으로 삼는 것을 관두고, 인간을 탐구하기 시작했다고 합니다.

이대로 변호사　　그럼 성인이 된 이후에 소크라테스는 어떠했나요?

디오게네스　　아테네에서 태어난 소크라테스는 아테네를 사랑하는 평범한 시민으로 자랐습니다. 특히 기원전 492년부터 기원전 479년까지 일어난 페르시아 전쟁에서 그리스 인이 힘을 모아 페르시아를 물리친 지 얼마 되지 않아 태어난 그는 아테네에 대한 자부심이 컸지요. 하지만 그의 나이가 마흔 즈음이 되고, 어려서부터 보아 온 아테네의 민주정을 발전시킨 페리클레스가 30여 년간의 통치를 마무리 지을 때쯤엔 그에게 적지 않게 실망했습니다.

이대로 변호사　　소크라테스가 페리클레스 장군에게 실망한 이유는 무엇입니까?

디오게네스　　페리클레스의 민주 정치 덕분에 아테네 인의 삶이 더 나아졌는지 회의를 품었습니다. 오히려 페리클레스가 공직에 대한 직무 수당 제도로 아테네 인을 타락시켜, 게으르고 수다스럽고 탐욕스럽게 만들어버렸다고 했

교과서에는

▶ 그리스의 자연 철학자 아낙사고라스는 "인간의 정신이 깨어나서 질서를 부여하기 전까지 만물은 혼돈 속에 있었다"라고 말했습니다. 이 말은 사람들이 이성을 사용하여 합리적으로 세계를 바라보기 시작했다는 말이지요.

지요. 상황이 더 나빠졌다는 것은 페리클레스를 권력으로부터 추방하려는 음모가 있었다는 데서도 드러난다고 했습니다.

이대로 변호사　그렇군요. 소크라테스는 공직에 대한 직무 수당 제도에 대해 비판적이었군요.

디오게네스　네, 그렇습니다. 아테네와 스파르타 사이에 전쟁이 일어나고 3년 후, 페리클레스 장군은 흑사병으로 죽었습니다. 소크라테스가 마흔 살에 접어든 직후 페리클레스 장군이 죽은 것인데, 이때부터 아테네 민주정이 쇠퇴의 길을 걷게 되었다고 보면 됩니다. 그러니까 ▶소크라테스는 인생의 반은 '페리클레스 시대'라고 불리는 민주정의 전성기에 살았고, 나머지 반은 혼란기에 산 것이지요.

이대로 변호사　증인의 설명을 들으니 당시 아테네의 상황과 소크라테스의 인생이 그려지는 것 같습니다. 그리고 소크라테스의 삶에 있어서 페리클레스의 영향력이 참으로 컸을 것 같은데…….

김딴지 변호사　잠깐만요, 증인. 소크라테스는 어렸을 때부터 교묘한 말장난으로 사람들을 골탕 먹였다고 하던데 사실입니까?

판사　김딴지 변호사, 끼어드는 버릇이 또 나오는 겁니까? 아직 이대로 변호사의 발언이 끝나지 않았습니다.

이대로 변호사　판사님, 김딴지 변호사의 질문은 들어 볼 가치도 없네요. 오늘 재판의 주제와는 관련 없는 이야기를 해서 소크라테스를 비방하려는 속셈을 제가 모를 줄 알고요?

판사　김딴지 변호사, 자중하세요. 본 사건과 관련된 내

왜 소크라테스는 독배를 마셨을까?

용으로 신문해 주기 바랍니다. 아울러 증인이나 상대 측
변호인이 말할 때는 함부로 끼어들지 말고요.

김딴지 변호사는 입을 삐죽거리며 자리에 앉았다.

아고라

옛날 고대 그리스에서는 도시 한복판의 커다란 광장에 시민들이 모여 재판, 상업, 사교 등의 다양한 활동을 하였습니다. 아고라는 자유로운 토론이 이루어지는 광장이란 뜻으로, 직접 민주주의를 상징하지요.

이대로 변호사　　증인, 피고 소크라테스에 대해 더 해 줄
말이 있는지요?

디오게네스　　음, 당시 소크라테스는 중산층에 속했는데, 이 점은 그
가 전쟁 때 입었던 옷을 보면 알 수 있습니다. 아테네 인은 자신의 돈
을 들여 전쟁에 필요한 장비를 스스로 준비했는데, 그는 중산층 계
급에 준하는 복장을 하고 있었지요. 그는 중산층이었지만 아테네의
유명 인사들과 친분을 맺기도 했습니다.

이대로 변호사　　그래요? 제가 알기로는 피고 소크라테스가 주로 아
고라(agora)에서 시민과 이야기를 나누었다고 하던데요.

디오게네스　　네, 맞습니다. 당시 귀족이었던 그의 제자 플라톤은 주
로 시라쿠스의 왕족과 친분을 나누었고, 아리스토텔레스 역시 주로
마케도니아 왕실과 친분이 있었습니다. 소크라테스의 행보는 그와
비교되지요. 소크라테스의 제자들이 주로 엘리트와 만남을 가졌고,
이들을 위해 오늘날의 철학 학교 같은 아카데미를 만들었다면, 소크
라테스는 아테네의 시민과 교유하는 것을 더욱 즐겼습니다.

이대로 변호사　　판사님, 들으셨지요? 피고 소크라테스는 아테네 시
민을 사랑한 진정한 철학자였습니다. 그는 사형 선고를 받고 감옥에

왜 소크라테스는 독배를 마셨을까?

갇혀 있으면서도 묵상을 통해 자신을 살피고, 항상 그래 왔듯이 욕망을 버리고자 노력했습니다. 쾌락이 아니라 이성을 좇아 살았던 것이지요. 그는 철학을 삶의 방식으로 선택한 사람입니다. 보통 사상가들에게서는 보기 드문 일이지요. 대개는 사상과 실제의 삶이 무척 달랐으니까요.

판사 네, 저도 동의합니다. 학문과 삶을 일치시키기란 매우 어려운 일이지요. 그럼 제가 피고에게 한 가지 묻지요. 피고가 말하는 철학이란 자기 자신이 누구인지 깨닫는 지혜를 말하는 것입니까?

소크라테스 그렇소. ▶내가 말하는 철학은 '너 자신을 알라'라는 질문에 답하는 것에서 시작되지요.

"예나 지금이나 소크라테스 님은 변한 게 없다니까."

이승에서 소크라테스와 같은 시대에 살았던 몇몇 방청객이 수군거렸다.

"역사공화국에 와서도 여전히 자기 성찰에 대한 지혜를 이야기하는군."

이대로 변호사 피고가 말하는 '너 자신을 알라'는 말은 구체적으로 어떤 의미인가요?

소크라테스 간단히 말해 무엇이든 지나치지 않아야 한다는 '절제'를 뜻하오. 절제는 사람들에게 자신의 처지를 알고 어떻게 살아야 하는지 판단하도록 도와주지요. 무엇보다 내가 말하는 철학은 나 자신뿐만 아니라 시민의 영혼을 보살펴야 한다는 깊은 의미를 담고 있소. 그래서 '영혼을 돌보는 삶'을 나의 소명으로 여기며, 나의 사랑하는 조국 아테네 시민이 자신의 영혼을 살피도록 도왔소.

이대로 변호사　　　그렇다면 피고의 철학을 실천하기 위해 사람들은 어떻게 살아야 하는 걸까요?

소크라테스　　　영혼을 돌보려면 우선 '부'나 '명예'가 인생의 목표가 되어서는 안 되오. 오직 자기 자신을 성찰하는 일을 생활 방식으로 삼아야 하지. 그건 바로 삶의 근거를 찾는 일이라오. 사는 이유가 있어야 하는데 인간답게 잘 살기 위한 이유 말이오. 인간답게 산다는 것은, 덕스러운 삶을 추구할 때 가능하다오.

"덕스럽게 살아가야 한다는 건 맞는 말이잖아."

"하지만, 자네도 알다시피 매일 자기 성찰만 하고 어떻게 살아? 먹고살기 위해 일도 해야 하고, 놀기도 해야 하는데……. 다행히 소크라테스는 물려받은 유산도 있었고, 크산티페라는 억척스러운 부인도 있었으니까 마음 놓고 자기 성찰을 할 수 있었던 게지."

몇몇 방청객들이 소크라테스의 삶에 대해 나름대로 평가를 내리며 수군댔다.

　　왜 소크라테스는 독배를 마셨을까?

2 소크라테스는 소피스트였을까?

판사 자, 피고에 대해 조금씩 알아 가고 있는데요, 하지만 피고의 사상이 워낙 방대한지라 아직도 다 소개하지 못했습니다. 아무래도 좀 더 알아봐야 할 것 같은데요.

이대로 변호사 네, 판사님. 우선 피고에 대한 오해 가운데 하나가 피고가 소피스트였다는 것입니다. 소크라테스, 소피스트, 앞 글자에 둘 다 '소'자가 들어가서 그럴까요? 소크라테스는 소피스트를 싫어하고 비판했는데 말입니다.

판사 아 , 그래요? 피고는 소피스트와 달랐나요? 제가 재판에 앞서 조사한 바에 따르면 소크라테스는 소피스트의 제자였다고 하던데…….

이대로 변호사 네, 그런 오해가 많은 게 사실이지요. 잘 모르는 분들을 위해 소피스트에 대해 설명해 드리겠습니다. 소피스트란 아테네를 중심으로, 당시 그리스 전역을 돌아다니며 변론술을 펼치던 무리를 말합니다. 출세에 필요한 지식을 가르치고, 많은 보수를 받는 자들이었지요.

판사　소피스트는 주로 어떤 일을 했나요?

이대로 변호사　소피스트는 '현명한 사람' 또는 '많이 아는 사람'을 뜻합니다. 그들은 거의 다른 폴리스 출신의 학자들로, 뛰어난 지식과 기술을 갖추고 있었지요. 그래서 개인이나 국가로부터 돈을 받고 지식과 기술을 가르쳤습니다. ▶아테네처럼 민주주의 사회에서 가장 중요한 과목은 변론술이었습니다. 아무래도 토론이 많고 스스로 변호할 일이 많은 아테네의 민주 정치 체제에서는 설득력 있게 말하는 기술인 변론술이 쓸모가 있었지요. 이러한 기술을 가르치는 소피스트는 엄청난 자부심을 갖고 있었습니다. 자신이 개인이나 국가를 위해 선(善)을 도모하는 방법을 청년들에게 가르친다고 생각했지요.

판사　그런데 피고 소크라테스는 이러한 소피스트를 왜 비판했나요?

이대로 변호사　▶▶소피스트가 스스로 자부한 것과는 다르게, 그들이 실제로 가르친 것이 '개인과 국가의 선'에 관한 지혜가 아니었기 때문입니다. 소크라테스는 그들이 선에 대해 아무것도 모르면서 선한 자인 체하는 기술만 가르친다고 생각했지요. 소크라테스가 이러한 사실을 밝힌 이

왜 소크라테스는 독배를 마셨을까?

후, 소피스트라는 말은 '궤변을 일삼는 무리'를 의미하게 되었고, '궤변학파'라고도 불렸지요.

판사 소크라테스가 소피스트는 아니었다는 사실은 이제 잘 알겠습니다. 그런데 피고가 소피스트의 제자였다는 사실은 어떻게 해석해야 합니까?

이대로 변호사　　　당시의 사회적 분위기로 보았을 때, 소크라테스가 소피스트의 영향을 일부 받았을 수도 있습니다. 하지만 그렇다고 해서 소크라테스를 소피스트의 제자라고 하는 것은 옳지 않습니다. 피고는 유명한 철학자이지만 정작 그에 대해 아는 사람은 많지 않기 때문에 생긴 오해입니다. 사람들은 그저 '너 자신을 알라'는 말을 한 사람 정도로 알고 있지요. 피고가 이에 대해 한 말씀 해 주시지요.

소크라테스　　　에, 당시에 ▶나는 스스로 무지하다는 것을 알고 있었지만 다른 사람들은 자신이 무지하다는 것을 스스로 깨닫지 못하는 것 같았소. 그래서 아테네 사람들에게 자신을 되돌아볼 수 있도록 자극하는 역할을 맡아야겠다고 마음먹었지요. 그때 내가 제일 먼저 해야 할 일이라고 생각한 것은 자기 자신을 알 수 있도록 하는 일이었소. 사실 '너 자신을 알라'는 말은 델포이 신전의 현판에 붙어 있던 어느 현인의 말이었지. 나는 아테네 인이라면 누구나 한 번쯤 보았을 그 말을 되새기고자 한 거요.

소크라테스의 말에 판사의 핀잔을 들은 후로 계속 시무룩하던 김딴지 변호사가 눈을 반짝이며 말했다.

김딴지 변호사　　　저, 판사님, 이 부분에 대해서는 저희 원고 측 증인 프로타고라스를 모셔 자세히 들어 보았으면 하는데요. 지금 피고 측의 변론에만 치우쳐 있는 것도 같고……. 프로타고라스는 영혼의 보살핌을 위한 도덕 교육론에 대해 피고인 소크라테스와 열띤 토론을 했던 소피스트거든요.

판사 흠, 그럴까요? 그럼, 증인은 증인석으로 나와 증인 선서를 해 주세요.

판사의 말에 프로타고라스가 천천히 걸어 나와 증인석에 앉았다. 그의 늠름함과 카리스마에 눌린 방청석이 잠시 조용해졌다.

김딴지 변호사 증인, 먼저 간단히 자기소개를 해 주시지요.

프로타고라스 나는 기원전 5세기경, 최고의 소피스트였던 프로타고라스라고 하오. 소피스트라는 말을 내가 처음 쓰기 시작했다오. 소피스트란 쉽게 말해 '덕의 선생님'이란 뜻이지. 여기서 '덕'이란 오늘날의 일반 교육을 가리키오. 우리 소피스트는 문법학과 논리학, 변론술이라고 불리는 수사학, 윤리학과 정치학 등의 모든 학문을 가르쳤소. 나는 아테네의 청년들로부터 가장 존경받는 철학자였지. 허허.

김딴지 변호사 네, 잘 알겠습니다. 그럼 신문을 시작하지요. 증인은 '인간은 만물의 척도'라고 주장한 것으로 아는데요.

프로타고라스 그렇소. 나는 진리의 상대주의를 주장했지. '인간은 만물의 척도'라는 것은 상대론적 진리관을 대표하는 것으로, 보편적인 윤리의 존재를 부정한 것이오. 보편적인 윤리가 없기 때문에 윤리는 개인에 따라 다른 거요. 그러니까 개인이 받아들이는 것과 의미가 사람마다 모두 다를 수 있다는 말이오.

김딴지 변호사   그러면 소크라테스는 어땠나요?

프로타고라스   ▶소크라테스는 진리를 상대적인 것이 아닌 절대적인 것이라고 했소. 언제 어디에서건 지켜질 수 있는 보편적인 진리가 있다고 주장한 거지요. 그는 개인의 감각적인 경험에 우선하는 쾌락과 세속적인 가치보다는 선하게 사는 것과 정신적인 가치를 더 중요시했소.

김딴지 변호사   그러니까 증인은 진리의 상대주의를, 소크라테스는 진리의 절대주의를 주장했다 이런 말씀이지요?

프로타고라스   간단히 말해 그렇소. ▶▶소크라테스는 사람들이 악행을 저지르는 것은 그것이 악한 행위인지 몰라서 그러는 것이라고 생각했지. 즉, 무엇이 옳고 그른지를 안다면 악행을 저지르지 않을 거라고 본거요. 그래서 스스로의 무지를 깨닫고 진리를 추구할 것을 주장했지요. 나와는 대립적인 견해를 가졌다고 할까…….

김딴지 변호사   아, 그래서 증인과 피고 소크라테스가 논쟁을 한 것인가요?

프로타고라스   그렇지요. 나와 소크라테스는 아테네 시민에게 '정치적인 미덕'을 가르칠 수 있는지에 대해 논쟁했소. 아테네 인은 매우 현실적이었고 자유를 사랑하는 사람들이었지. 나는 아테네 인뿐 아니라 그리스 인의 공동체가 자유롭고 행복할 수 있는 '정치적인 미덕'을 교육시키는 일에 대해 고심했는데, 소크라테스 역시 아테네 시민에게

덕을 가르치고자 하였지요. 소크라테스와 나는 교육을 통해서 아테네 시민들을 개선시킬 수 있다고 생각했지만, 민주 시민을 위한 '정치적 미덕'을 찾고자 한 나의 덕론과 소크라테스의 덕론은 달랐소. 소크라테스는 시민이 절제의 미덕을 배워서 자신을 알고 자신에게 알맞은 덕을 실천하는 정치 공동체를 꿈꿨지요.

김딴지 변호사   음, 증인이 말하는 '정치적 미덕'이란 무엇입니까?

프로타고라스   그러니까 '정치적인 미덕'이란 시민이 '정의'와 '절제'를 기초로 하여 제정된 법률을 준수하고 서로 공동체의 이익을 위해 노력하는 것을 뜻하오. 사회 구성원으로서의 시민의 자질과 덕목을 중요시하는 것이라 할 수 있소. 그러므로 공동체를 위한 법률을 준수하지 않는 자는 죄인으로 규정하고 벌을 주어야 하지.

김딴지 변호사   소크라테스와 증인의 견해가 엇갈린 구체적인 일화를 좀 소개해 주시지요.

프로타고라스   내가 아테네 젊은이들에게 정치를 가르치느라 정신이 없을 때 소크라테스가 찾아와 말했소. 이 나라에서는 정치에 대해 말하려 하면 누구나 달려와 조언하는 것이 이상하다고. 나는 정치적 미덕은 모든 아테네 시민에게 통용되는 것이라 믿었고, 이것을 법으로 제정하려고 했지요. 하지만 소크라테스는 조각가나 배를 짓는 사람이나 각 분야에 알맞은 제 기술이 있듯이, 정치술도 그 기능(덕)을 발휘할 수 있는 자에게 맡겨야 한다고 생각했소.

　나는 그의 이야기를 들으면서 분명한 차이를 느꼈소. 내가 누구에게나 차별이 없는 덕론(정치적 미덕)을 말했다면, 소크라테스의 덕론은 모든 시민마다 다른 기능을 발휘하고 그 기능에 맞게 덕을 갖게 된다는 차별이 있는 것처럼 느껴졌소. 소크라테스는 내게 페리클레스처럼 훌륭한 사람이라도 자신의 덕을 다른 이에게 건네줄 수는 없는 것이 아니냐고 물었지. 하지만 나는 시민 모두에게 적용할 수 있는 '시민적 덕'이 있음을 주장 했지요. 이를 증명하기 위해 나는 프로메테우스의 신화를 예로 들어 설명했지요.

김딴지 변호사　　프로메테우스 신화요? 그 제우스의 불을 훔쳐다가 인간에게 준 프로메테우스 말인가요?

프로타고라스　　그렇소. 옛날 옛적 인간을 포함해 다른 동물들이 태어날 때, 에피메테우스의 실수로 인간은 아무런 능력도 부여받지 못했소. 그래서 프로메테우스는 인간을 위해 신의 능력인 불과 지혜를 훔쳐다 주었지요. 하지만 인간은 여전히 서로 싸우고 평화롭지 못했소. 왜냐하면 시민적인 기술을 갖고 있지 못했기 때문이오. 그래서 제우스는 인간에게 인간 사회의 정의, 공동체를 위한 덕목, '무엇이 옳고 그른가'를 판단할 능력과 용기, 실천력 이런 것들이 포함된 '시민의 덕'을 가져다주었소. 이것은 인간 모두가 나누어 가져야 하는 것이지. 이런 이유로 나는 정치와 시민적 훌륭함에 대한 조언은 누구나 할 수 있는 것이라고 말한 거요. 다시 말해, 모두가 시민으로서 훌륭하지 않으면 나라가 있을 수 없다는 말이오.

판사　　네, 증인의 설명 잘 들었습니다. 그럼, 이번엔 피고 소크라테스에게 하나 묻지요. 피고가 주장한 덕학이란 무엇인가요?

소크라테스　　나는 '덕은 지식이다'라고 주장했소. 덕은 '좋음이나 훌륭함'을 판단하는 지식이오. 덕학은 우리가 공동체 생활을 할 때 어떻게 살아야 하는가지 알려주는 행동 지침인 것이지요.

판사　　오늘날에도 공동체 생활에 관한 행동의 지표를 배우기는 합니다만, 덕이 지식이라면 어떻게 그것을 습득할 수 있습니까? 교육으로 가능하다고 생각했나요?

소크라테스　　나는 사람들이 덕의 지식을 기억 속에서 끄집어내야 한다고 보았습니다. 신의 선물인 지식을 산파술을 통해 끄집어내는 것이지요.

김딴지 변호사　　그렇다면 누구나 다 덕에 대한 지식을 얻을 수 있다는 말입니까?

소크라테스　　물론입니다. 하지만 사람의 인성에 따라 습득할 수 있는 덕의 지식은 다르다고 생각했지요.

　　소크라테스의 이야기를 듣던 프로타고라스가 힘차게 손을 들고 판사에게 발언의 기회를 얻었다.

프로타고라스　　잠깐만요, 소크라테스는 지식이 신의 선물이라고 했지만 나는 신을 알지 못하오. 이러한 생각 때문에 아테네에서 추방당할 뻔했지만, 어쨌든 나는 ▶신이 우리보다 더 뛰어난 절대적인 진리나 지혜를 가진 자라는 것도 이 세계에서는 도저히 알아낼 수 없다고 생각하오. 그래서 나는 '인간이야말로 세상 만물의 척도'라고 주장한 거요.

이대로 변호사　　증인, 어려운 말은 그만 쓰고 좀 더 쉽게 설명해 주세요.

프로타고라스　　그러니까 인간의 눈으로 확인할 수 없는 것은 사람들이 알기 힘들다는 것이오. 난 우주나 신이나 뭐 그런 것에 대해선 관심이 없소. 사람은 주관적인 감각

에 의존하게 되는데, 나는 이런 감각의 세계야말로 우리가 알고 경험할 수 있는 것이라고 생각했지요. 하지만 소크라테스는 사람마다 서로 다른 가치 판단의 기준을 어떻게 지식으로 여길 수 있는지 의아해했소. 그러면서 그는 교육의 대상을 모든 아테네 인이라고는 했지만, 그들을 지혜로운 자, 용기 있는 자, 절제 있는 자로 등급을 나누었습니다. 그리고 지혜로운 자가 지배자가 되어야 한다고 말했지요. 그래서 소크라테스는 시민 모두가 정치에 참여하는 민주정의 방식을 비판했던 것이지요.

판사   피고, 피고는 증인 프로타고라스의 말을 인정합니까?

소크라테스   인정합니다. 나는 모든 아테네 인에게 평등한 정치권력을 부여하는 것에 반대했습니다. 하지만 나는 재산 등에 따라 정치권력을 부여하고자 한 것이 아니오. 오로지 철학 교육에 우선을 두어 철학 교육을 받은 학식 있고 지혜로운 전문가에게 지배권을 주고자 한 것이지요.

판사   그렇다면 피고는 철학 하는 일을 정치보다 우선적으로 생각했나요?

소크라테스   나는 아리스토텔레스가 말한 것처럼 현실에서 동떨어진 철학적 삶이 정치적인 삶보다 더 낫다고 말한 적이 없소. 다만 나는 "철학자인 나야말로 아테네에서 진정한 정치가다"라는 말을 한 적은 있지. 나의 이런 생각에 영향을 받은 제자 플라톤은 철인 정치가에게 정치 권력을 부여하여 철학적인 삶과 정치적인 삶을 일치시키는 것이 이상적이라고 생각했소.

그러니까 정리하자면, 내가 생각하는 교육론에서 지혜 있는 자가 절제 있는 자나 용감한 자보다 더 우월하다는 전제를 가졌던 것은 사실이오. 그리고 정치적인 삶이 프로타고라스가 말하는 '민주 정치의 삶'을 의미한다면 나는 그 민주정에 대해 비판적이었다는 것을 당당히 말씀드리겠습니다. 누구나 정치에 참여할 수 있다면 지혜롭고 전문적인 판단을 내리지 못할 수도 있기 때문이지요.

판사   소크라테스와 프로타고라스의 논쟁은 다시 들어 봐도 여전

왜 소크라테스는 독배를 마셨을까?

히 평행선을 달리고 있는 듯합니다. 증인 프로타고라스에게 묻겠습니다. 소크라테스를 이상주의자로, 소피스트를 현실주의자로 이해해도 좋겠습니까?

프로타고라스　그렇게 이해해도 좋습니다.

판사　그렇군요. 증인 더 하실 말씀이 없으면 자리로 돌아가셔도 됩니다.

프로타고라스　아, 하나만 더 말하고 싶군요. 소크라테스는 상대방의 주장을 기초로 하여 원래의 주장과는 정반대의 결과에 이르도록 하는 엉뚱한 짓을 잘했소. 그와 대화하다 보면 그런 일이 자주 있었지.

판사　도대체 어떻게 대화를 했다는 것이지요?

프로타고라스　그게……소크라테스와 '예', '아니요'라고 짤막한 대답을 이어 가다 보면 어느새 자신의 말에 모순이 있었다는 것을 발견하는 거요. 그럴 때면 어찌나 창피하고 회의감이 드는지, 당해 보지 않은 사람은 모를 거요.

이대로 변호사　뭐, 소피스트의 수사학에 대항한 소크라테스의 대화법이야 원래 유명하지 않습니까?

프로타고라스　그렇지. 그는 대화를 통해 우리가 여태껏 생각하지 못했던 지식을 끄집어냈소. 그럴 때면 나도 경이로움에 빠지곤 했다니까.

김딴지 변호사　아, 네. 증인 프로타고라스의 말대로, 피고 소크라테스가 지혜롭고 현명한 철학자였다는 것은 인정합니다. 하지만 그렇다고 해서 피고가 아테네의 민주정을 비판했다는 사실까지 덮을 수는 없지요. 이 점에 대해서는 앞으로 더 자세히 다루도록 하겠습니다.

판사　양측의 증언을 잘 들었습니다. 벌써 시간이 많이 흘렀네요. 오늘은 피고 소크라테스가 어떤 인물이었는지, 소피스트와 어떻게 다른 주장을 했는지 살펴보았습니다. 다음 재판에서는 당시 소크라테스가 고소당했을 때 아테네의 정치적 상황에 대해 한번 들어 보도록 하겠습니다. 모두 수고하셨습니다. 이상으로 첫 번째 재판을 마칩니다. 다음에 뵙지요.

　땅, 땅, 땅!

소크라테스의 부인은
정말 악처였을까?

소크라테스는 크산티페라는 여성과 결혼했는데요. 그녀는 남편인 소크라테스의 말을 전혀 이해하지 못했고, 그에게 항상 상스러운 욕을 하는 등 소크라테스를 경멸했다고 알려집니다. 이들이 언제 결혼했는지에 대해서는 정확히 알려지지 않았는데요. 소크라테스가 사형을 선고받았을 때, 그의 세 아들인 람프로클레스와 소프로니스코스, 그리고 막내 아들 메네크세노스가 아직 어렸던 것으로 미루어보아, 소크라테스의 나이가 많을 때 결혼한 것으로 보입니다.

소크라테스와 크산티페에 관한 유명한 일화가 있는데요. 어느 날 크산티페가 소크라테스에게 버럭 화를 내며 바가지로 물을 퍼부었습니다. 그러자 소크라테스는 "저것 봐, 천둥 뒤에는 항상 소나기가 쏟아지는 법이야" 하면서 능청을 떨었다고 하지요. 하지만 그녀와 관련된 이러한 일화들은 후대인들이 꾸며 낸 이야기일 확률이 높습니다.

소크라테스의 대화법

대화를 통해 사람들이 생각을 자유롭게 쏟아 놓고 지혜를 끌어내는 것을 소크라테스의 대화법이라고 합니다. 소크라테스의 이런 대화법은 조각술, 산파술이라고도 하는데요. 조각술과 산파술은 소크라테스 부모의 직업에서 따온 말입니다.

소크라테스의 어머니는 산파였고 아버지는 조각가였는데요. 소크라테스는 아기 낳는 것을 돕는 산파처럼, 사람의 참다운 지식을 끄집어내도록 도와야 한다고 했습니다. 또한 그는 돌을 쪼아 작품을 만드는 조각가는 돌 속에 숨겨진 작품을 끄집어내는 것이라고 생각했습니다.

소크라테스는 이러한 조각가나 산파처럼 사람은 대화를 통해 내면에 숨겨진 생각을 끄집어낼 수 있다고 생각했습니다. 질문하고 대답하는 대화의 형식을 빌려 생각을 발전시키고 자유롭게 하려고 했지요. 그래서 그는 아고라로 나가 아무나 붙잡고 대화를 나누며 상대방의 생각을 끄집어내려고 노력했습니다.

다알지 기자

　　시청자 여러분 안녕하세요? 역사공화국에
서 누구보다 발 빠르게 뉴스를 전해 드리는, 법
정 뉴스의 다알지 기자입니다. 오늘은 아니토스와
소크라테스의 재판 첫째 날이었는데요. 원고 아니토스와 피고 소크라
테스는 이승에서 이미 재판을 해 봐서 그런지 다른 재판보다 다소 침
착한 분위기였습니다. 원고 아니토스는 피고 소크라테스가 아테네의
위대한 민주정을 비판하고 청년들을 선동해 아테네를 위기에 빠뜨렸
다고 주장했는데요. 재판의 첫날이라 그런지 피고 측에서는 원고 측의
주장에 대해 논박하기보다는 소크라테스의 사상에 대해 설명하면서
재판의 흐름을 잡았습니다. 그럼 원고 측과 피고 측의 변호사를 만나
볼까요?

김딴지 변호사

　　피고 소크라테스는 젊은이들을 대화로 현혹하여 국가와 어른에 대한 공경심을 잃게 만들었습니다. 특히 국가 공직의 추첨제를 비판하여 젊은이들이 국가 제도를 경시하게 만들었지요. 심지어 아테네의 직접 민주 정치가 아마추어들의 놀이나 다름없다며 비판했습니다. 아테네의 민주정은 현대 민주주의의 근간이 되었을 만큼 훌륭한 것이 아닙니까? 그런데 소크라테스는 아테네의 자랑이던 민주정 체제를 비판하여 국가의 기틀을 흔들었던 셈입니다. 당시 공포 정치를 편 '30인 참주 정부'가 물러나고 어렵게 회복한 민주정에 소크라테스는 분명 커다란 위협이 아닐 수 없었지요.

이대로 변호사

　소크라테스가 아테네의 민주정을 아마 추어들의 놀이라고 한 것은 사실입니다. 하지만 그게 뭐 틀린 말입니까? 아테네는 군사적인 업무에만 전문가의 연임을 인정했고, 정치를 하는 데는 전문가를 한 명도 두지 않았지요. 사람들은 페리클레스가 꽃피운 아테네의 민주정을 칭송하는데, 그가 만든 공직에 대한 직무 수당 제도는 아테네 인을 게으르고 탐욕스럽게 만들었습니다. 그리고 자꾸 원고 측 변호사는 소크라테스가 대화할 때마다 두루뭉술하게 말했다고 비난하는데, 그건 대화를 주고받으며 상대방이 스스로 깨우치도록 하는 대화법이라는 것이지요. 소크라테스는 이 대화법으로 아고라에서 평범한 아테네의 시민과 교유했습니다. 선에 대해 아무것도 모르면서 기술만 가르치는 소피스트들과는 달랐지요.

시민 법정에 선 소크라테스

1. 소크라테스는 왜 고발당했을까?
2. 소크라테스가 살던 시대의 정치 상황은 어땠을까?

교과연계

세계사
II. 문명의 새벽과 고대 문명
  4. 고대 지중해 세계

1

소크라테스는 왜
고발당했을까?

판사 자, 오늘은 아니토스 대 소크라테스의 재판 둘째 날입니다. 지난 재판에서는 피고 소크라테스에 대해 알아보았는데요. 오늘 재판에서는 피고가 이승에서 고발당했던 구체적인 이유와 당시 아테네의 상황에 대해 집중적으로 알아보지요. 그럼 원고 측부터 변론할까요?

김딴지 변호사 네, 판사님. 먼저 소크라테스는 자신이 아테네를 사랑하는 애국심이 넘치는 사람이었다고 주장합니다. 과연 그럴까요? 오늘 재판에서 소크라테스의 이중적인 모습을 밝히고야 말겠습니다. 제가 조사한 바로는 소크라테스가 진정 아테네의 시민이었는지 의심스러울 지경입니다.

이대로 변호사 이의 있습니다! 원고 측 변호인은 재판 초반부터 피고의 인격을 모독하고 있습니다. 나 참, 어처구니가 없어서!

판사 자자, 양측 변호인 모두 진정하세요. 김딴지 변호사는 변론 중에 피고를 모독하는 발언은 삼가 주세요. 그러지 않으면 변론 기회를 바로 피고 측에 넘기겠습니다. 아시겠어요?

김딴지 변호사 아, 알겠습니다. 헤헷. 그래도 이렇게 서로 이의 신청하고 그래야 열띤 공방을 펼치는 맛도 나고…….

김딴지 변호사는 한껏 거드름을 피우며 말했지만, 판사는 지그시 눈을 감고 못 들은 척했다. 힐끔 판사의 표정을 살핀 김딴지 변호사는 민망한지 헛기침을 한 번 했다.

김딴지 변호사 흠흠, 자, 다시 시작하겠습니다. 판사님, 소크라테스가 아테네 시민과 기본적으로 어떻게 달랐는지 설명하기 위해 원고를 다시 신문해야 할 듯합니다.

판사 알겠습니다.

김딴지 변호사 원고, 원고가 생각하기에 피고 소크라테스는 평범한 아테네 시민과 어떤 점에서 생각이 달랐다고 보십니까?

아니토스 음, 소크라테스는 공동체의 본질에 대한 생각이 달랐소. ▶우리 아테네 시민은 폴리스를 자유인의 공동체로 보았고 우리가 몸소 정책 결정을 내리거나 토론을 하였지요. 우리는 모두 법 앞에 평등하다고 생각했지요.

김딴지 변호사　　아니, 그럼, 소크라테스는 그렇게 생각하지 않았던 말씀입니까?

아니토스　　소크라테스와 그의 제자들은 인간 공동체를 정치에 관한 지식을 가진 현자가 통치해야 하는 십난으로 생각했소. 우리 아테네 인은 모든 시민이 공동생활에 필요한 기본적인 덕을 가지고 있다고 생각한 데 반해 소크라테스는 평범한 사람들은 대부분 지식을 가질 수 없으므로 직접 나라를 통치하는 데 필요한 지식이나 덕을 갖추지 못했다고 본 거요.

김딴지 변호사　　이거 아테네 시민으로서 은근히 기분이 나빴겠는 데요?

아니토스　　그렇습니다. 나는 그의 말을 듣고 우리 아테네 시민의 인격을 무시한다는 생각도 들었지요. 우리 아테네 시민은 공공의 일에 참여하지 않는 자는 아무짝에도 쓸모없는 사람으로 보았소. 그래서 폴리스 생활에 대한 적극적인 참여를 중시했어요. 그런데 소크라테스는 아테네 인의 정치적인 생활을 비판했소. 자신의 영혼부터 돌봐야 한다나 뭐라나…….

김딴지 변호사　　하, 이건 뭐 말이 안 나오는군요. 시민의 적극적인 정치 참여는 민주주의 국가에 활력을 불어넣는 것 아닙니까? 그런데 혼자 잘난 척하며 아테네의 민주정을 비판한 거군요?

아니토스　　문제는 그가 우리 아테네 청년들을 선동하여 그들로 하여금 국가 제도를 경시하게 했다는 겁니다. 앞서 증인 프로타고라스가 말했다시피 소크라테스와 한번 말을 섞으면 누구든 그의 의도대로 끌려가 버리니, 젊은 청년들은 어떻겠소? 그래서 걱정이 이만저만이 아니었소.

김딴지 변호사　　그렇군요. 알겠습니다. 재판장님, 잘 들으셨지요? 피고 소크라테스는 아테네 시민의 공통된 생각에 사사건건 반기를 들면서 청년들을 선동한 사람입니다.

판사　　네, 원고 측의 변론 잘 들었습니다. 그럼 이번에는 피고 측의 변론을 들어 볼까요? 원고 측 이대로 변호사, 신문해 주세요.

이대로 변호사　　네, 판사님, 원고 측의 변론에 반박하기 위해 저는 피고인 소크라테스에게 반론하겠습니다. 피고, 피고가 말한 소수의 지배자란 대체 누굴 말하는 것입니까?

소크라테스　　나는 철학 교육을 받고 전문 지식을 가진 정치술에 능한 자가 정치의 지배자가 되어야 한다고 생각했소.

이대로 변호사　　음, 쉽게 말해 엘리트를 말하는 겁니까?

소크라테스　　그렇다고 할 수 있지요. 지혜의 덕으로 자신의 성품을 잘 다스려 공동체에 유익한 것이 무엇인지 판단할 수 있는 철학자를 말하오. 나라를 다스리는 사람은 남을 다스릴 수 있을 뿐 아니라, 자신도 다스릴 수 있는 절제 있는 자여야 하오. 절제 있는 자가 곧 분별 있는 자이지.

이대로 변호사　　알겠습니다. 재판장님, 그리고 배심원 여러분, 간단히 정리하자면 피고 소크라테스는 정치술에 능한 자가 시민들로부터 뽑혀 아테네 정치를 해야 한다고 요구했습니다. 음, 여러 분야에 전문가가 있지 않습니까? 악기를 연주하는 연주자뿐만 아니라 건축,

공예, 예술 등등. 누구나 참여할 수 있는 아테네의 민주정에는 정치 전문가라고 할 만한 사람이 없었지요.

판사　자, 그럼 이제 그 이야기를 해 보지요. 재판 첫째 날, 언급이 됐습니다만, 이승에서 소크라테스가 왜 원고 아니토스에게 고발을 당했었는지 그 이유와 당시의 상황에 대해 자세히 들어봐야 할 것

　왜 소크라테스는 독배를 마셨을까?

같습니다. 원고 측 김딴지 변호사가 먼저 하시겠습니까?

김딴지 변호사   네. 자, 다시 돌아가서 소크라테스가 고발당한 이유와 상황을 알아보겠습니다. 그가 고발당한 이유에는 여러 가지가 있지요.

판사   그래요? 당시 소장의 내용은 정확히 무엇이었습니까? 그것부터 말씀해 주시지요.

김딴지 변호사   네, 소장의 내용은 다음과 같습니다. "소크라테스를 다음과 같은 죄목으로 고발한다. 소크라테스는 아테네가 인정하는 신을 거부하고, 새로운 신을 끌어들이는 범죄를 저질렀다. 뿐만 아니라 그는 젊은이들을 타락시키는 범죄도 저질렀다. 처벌은 사형이다."

김딴지 변호사가 제법 위엄 있는 목소리로 소장을 읽자 방청객들은 귀를 기울였다. 그러다 "처벌은 사형이다"라는 부분에서 탄식하는 소리가 여기저기서 터져 나왔다.

"어머, 정말? 사형이라고? 소장의 내용만 봐서는 별거 없는 것 같은데?"

"그러게 말이야. 그런데 신을 모독했다는 건 무슨 뜻이지?"

방청석의 이야기를 가만히 듣고 있던 김딴지 변호사가 다시 말을 이었다.

김딴지 변호사   판사님, 피고 소크라테스는 원래 신전(神殿)의 기둥을 만들던 석공이었습니다. 그런데 어느 날, 그의 친구 카이레폰

왜 소크라테스는 독배를 마셨을까?

신탁
사람이 판단하기 힘든 일을 신에게 물어 그 대답을 듣는 것을 말합니다. 서양에서는 고대 그리스의 델포이 지방에서 행해졌던 신탁이 가장 유명하답니다.

이 델포이 신전에 가서 "소크라테스보다 더 현명한 사람이 있는가?" 하고 **신탁**을 청해 보니, "소크라테스가 세상에서 가장 지혜롭다"라는 신의 대답을 듣게 된 일이 있습니다. 그래서 소크라테스는 카이레폰의 그 말을 전해 듣고 난 후, 사람들을 만나러 다니기 시작했습니다. 그는 자

기가 마치 사제라도 된 듯이 행동했고, 다이몬의 목소리가 들린다고
도 했습니다. 여기서 다이몬이란 아테네 사람들이 믿던 그리스 신화
속의 신과는 다른 대상으로, 신과 인간의 중간쯤 되는 존재를 말합
니다. 소크라테스는 다이몬의 목소리가 자신의 귓가에 양심의 소리
처럼 울린다고 말했지요. 그러면서 사제들이 말하는 투로 '너 자신
을 알라'며 신전에 쓰여 있는 말을 사람들에게 외치고 다니기도 했
지요. 그뿐만이 아닙니다. 그는 마치 자신만이 진리를 알고 있는 것
처럼 자만에 빠져 있었습니다. 그리고 결정적인 순간이 되면 자신은
아무것도 모른다며 책임을 회피했고요. 애꿎은 젊은이들만 홀리고
다닌 셈이지요.

판사 자자, 김딴지 변호사는 진정하세요. 나는 소크라테스가 사
람들에게 전했다는 말의 내용이 더 궁금합니다. 내가 알기로 당시
소피스트들이 행복하게 사는 비법을 가르쳐 주겠다며 사람들에게
돈을 받고 강의를 했다던데, 혹시 소크라테스도 사람들에게 행복해
지는 법을 전하려고 했던 건 아니었을까요?

김딴지 변호사 소피스트가 그런 일을 한 건 사실입니다. 하지만 그
들은 고향을 떠나 여러 폴리스에서 온 교육자들로, 다양한 사고방식
을 인정할 줄 아는 사람들이었습니다. 하지만 소크라테스는 그들과
달랐지요. 그는 사람들이 행복하게 사는 법과 그렇게 살 수 있는 나
라에 대해 이야기하면서 오히려 아테네의 적이었던 스파르타를 본
받아야 한다는 말까지 거침없이 내뱉었습니다.

판사 아니, 아테네 시민인 소크라테스가 감히 스파르타를 본받

펠로폰네소스 전쟁

아테네의 세력이 갈수록 커지자 스파르타 중심의 펠로폰네소스 동맹에 속한 폴리스들이 위협을 느껴 아테네에 대항함으로써 펠로폰네소스 전쟁이 일어났습니다. (기원전 431~기원전 404년) 아테네는 전쟁 중에 페리클레스를 잃었으며, 이후 민주 정치는 어리석은 대중에 의한 중우 정치로 변질되었습니다.

자고 말했다고요? 두 나라는 전쟁까지 치른 사이가 아닙니까?

김딴지 변호사 제 말이 그 말입니다. 게다가 당시는 그 유명한 펠로폰네소스 전쟁에서 아테네가 스파르타에 피 흘린 지 불과 5년도 채 지나지 않은 때였습니다. 이러니 어찌 아테네 시민이 그에게 반감을 갖지 않을 수 있었겠습니까? 소크라테스를 고소하는 일이 발생한 것도 결코 무리는 아니었던 겁니다. 좀 더 구체적으로 그의 주장을 살펴보면, 소크라테스는 스파르타의 용맹한 군인과 그들의 금욕적인 생활을 흠모한 나머지, 아테네는 스파르타를 본받아야 한다고 주장했습니다. 스파르타의 정신과 자신의 철학이 서로 합쳐지면 아테네가 새로운 나라로 거듭날 수 있다고 말입니다. 그리고 그 스승에 그 제자라고, 소크라테스의 유명한 제자인 플라톤 역시 그의 저서인 『정치가』에서 철학 교육을 받은 사람이 통치자가 되어야 한다면서 소크라테스가 말한 나라를 세우자고 주장한 바 있습니다.

이대로 변호사 이의 있습니다, 재판장님. 소크라테스의 제자인 플라톤이 철인 왕을 내세워 정치를 해야 한다고 주장한 것은 소크라테스의 철학뿐 아니라 본 재판과는 무관한 내용입니다.

판사 이의 제기를 인정합니다. 원고 측 변호인은 소크라테스와 관련된 사건만 진술해 주세요.

이대로 변호사는 김딴지 변호사를 향해 회심의 미소를 보였고,

김딴지 변호사는 그런 이대로 변호사를 못 본 체하며 변론을 이어 갔다.

김딴지 변호사   물론 소크라테스가 플라톤이 주장한 것처럼 철인 왕이 꼭 지배해야한다고 주장하지는 않았습니다. 그러나 제 말은 소크라테스가 정치술에 능한 소수가 통치를 해야 한다는 주장은 분명히 했습니다. 과두정을 원한 것이지요.

판사　　그렇군요. 그러면 이제 기소 사유를 하나하나 따져 볼까요?

김딴지 변호사　　잠깐만요, 판사님. 기원전 399년에 원고인 아니토스, 멜레토스, 리콘이 신을 믿지 않고, 젊은이들을 타락시켰다는 이유로 소크라테스를 고발했다고 제가 말씀드렸었지요?

판사　　그랬지요.

김딴지 변호사　　하지만 이것은 표면상 명분일 뿐이었고, 실은 다른 이유가 더 컸습니다. 음, 아마 들으시면 깜짝 놀라실 겁니다. 그건 바로 소크라테스가 펠로폰네소스 전쟁 와중에 스파르타로 망명하여 스파르타가 아테네를 물리치는 데 혁혁한 공을 세운 알키비아데스 같은 인물과 친했다는 것입니다. 그는 소크라테스의 제자였지요. 잘 아시다시피 그는 고국인 아테네에 큰 해를 끼친 인물입니다. 지금으로 치면 국가 반역죄를 저지른 자이지요. 이는 결코 알키비아데스뿐만이 아니었습니다. 크리티아스와 카르미데스 같은 그의 제자들이 스파르타의 편에 가담한 사실이 드러났습니다. 상황이 이러하니 그런 반역자를 가르친 스승, 즉 소크라테스를 아테네 시민이 의심하기 시작한 건 당연한 귀결이었지요.

판사　　그렇군요. 김딴지 변호사, 그 부분에 대해 좀 더 자세히 설명해 주시지요.

　　김딴지 변호사는 책상에 놓인 서류 뭉치를 서둘러 정리해 재판정 앞으로 걸어 나왔다.

　　왜 소크라테스는 독배를 마셨을까?

소크라테스가 살던 시대의 정치 상황은 어땠을까?

김딴지 변호사 자, 이제 피고 소크라테스가 고소를 당했던 상황을 더욱 잘 이해할 수 있도록, 당시 아테네의 정치적 분위기를 살펴보겠습니다. 앞선 재판을 통해 아테네가 스파르타와 벌인 펠로폰네소스 전쟁에서 패배했고 이후 아테네에 '30인 참주 정치'가 시작됐다는 것을 아셨지요?

판사 네, 저야 지난 재판도 진행했으니 잘 알고 있습니다만, 모르는 분이 있을 테니 펠로폰네소스 전쟁 이후, 아테네의 정치 상황이 어떻게 변했는지 간략히 설명해 주시지요.

김딴지 변호사 네, 알겠습니다. 전쟁에서 승리한 스파르타는 자신들의 감시 아래 '30인 참주정' 체제로 아테네를 다스리게 했습니다. 아테네의 민주정 체제에서 해외로 도망쳤던 과두파도 복귀했지요.

아테네의 과두파는 평소에 교육 수준에 상관없이 모든 사람들이 정치에 참여한다는 아테네의 민주정을 경멸했고, 스파르타와 같은 과두정이 실시되기를 원했지요. 이들은 스파르타의 리산드로스 장군의 위세를 등에 업고 아테네에 새로운 법을 만들 30인의 법제위원을 선출합니다. 그리고 새로운 법이 만들어질 때까지 이 30인으로 정부를 꾸리기로 하지요. 1년 단위로 공직을 선출하던 이전 민주정의 아테네와 달리 30인으로 정부를 유지하던 이 시기를 '30인 참주정'의 시기라고 부릅니다.

판사 펠로폰네소스 전쟁에서 패배한 후 아테네는 정치적으로 혼란스러운 시기를 맞았네요.

김딴지 변호사 네, 맞습니다. 30인 참주정 아래의 아테네에서는 3개의 정치 세력이 대립합니다. 민주파, 온건 과두파, 강경 과두파인데요. 일단 정권을 잡고 있던 과두파 사이의 분쟁이 먼저 시작됩니다. '과거 영광스럽던 시절의 고대 아테네 정치로 돌아가자!'가 신조였던 온건 과두파에 비해 강경 과두파는 스파르타의 국가 체제가 가장 훌륭하다는 생각에 스파르타의 체제를 그대로 아테네에 적용시키려 합니다.

판사 좀 전에 김딴지 변호사가 소크라테스의 죄목 중에는 스파르타를 따랐던 크리티아스와 친했다는 것도 있었다고 했는데요, 짐작하건대 크리티아스는 강경 과두파의 한 사람이었을 것 같네요.

김딴지 변호사 네, 그렇습니다. 크리티아스는 30인 참주 정치 때 주도적인 역할을 한 사람입니다. 크리티아스가 소크라테스의 제자

왜 소크라테스는 독배를 마셨을까?

라는 사람들도 있지만, 친구에 가까웠습니다. 크리티아스는 스파르타의 지원을 받아 온건파를 숙청하는 데 성공했습니다. 하지만 이후 민주파와 온건파의 반란이 일어났을 때 전사하지요. 크리티아스의 죽음을 계기로 민주파가 강경 과두파를 밀어내고 다시 정권을 잡았지요.

재판이 진행되는 동안 조용히 듣고만 있던 원고 아니토스가 두 눈을 지그시 감았다 뜨며 판사에게 말할 기회를 요청했다.

아니토스　　판사님, 과두파가 세력을 키웠을 당시, 독재자들은 시민을 암살의 공포로 몰아넣고 아테네 민주정을 폐지시켰소. 하지만 우리 아테네의 민주주의가 그리 호락호락하게 무너지진 않았지! 우리 아테네는 과두파를 몰아내고 민주정을 1년 만에 회복했다오. 그런데 그 즈음에 다시 내전의 위기가 닥쳤소. 바로 사람들이 그동안 아테네의 민주정을 억압했던 과두파의 핵심 인사와 그 추종자들의 처벌을 원하며 강하게 들고 일어났던 것이지요.

판사　　사람들의 바람대로 그들을 처벌했나요?

아니토스　　민주 정부는 30인의 참주들이 그랬던 것처럼 무자비하게 그들 모두를 처벌하진 않았습니다. 최악의 범죄자들만 처벌하고, 그 외의 사람들은 보호하기로 했지요. 말하자면 정치 보복을 하지 않겠다고 선포한 것이오. 하지만 우리 민주 정부는 30인의 참주 정부가 스파르타에 빌린 돈까지 갚아야 했어요. 30인 참주 정부가 우리 민주정 세력을 처단할 때 스파르타에 가서 도움을 청했기 때문이지요. 이쯤이면 30인 참주 정부의 폐해를 짐작하시겠소? 또한 당시 많은 사람들이 참주정 추종자들의 사면을 끝까지 달가워하지 않았소. 당시, 우리가 소크라테스를 법정에 세운 것은 어쩔 수 없는 일이었지요. 그러니까……

이대로 변호사　이의 있습니다. 원고는 아무런 증거 없이 소크라테스를 정당하지 못한 세력에 협력했던 사람으로 몰아붙이고 있습니다.

판사　피고 측 변호인, 아직 원고의 말이 끝나지도 않았는데요. 원고의 발언이 끝난 후 반박 신문할 시간을 줄 테니 일단 앉으세요. 자, 원고는 계속 발언하세요.

아니토스　고맙소, 우리 아테네 인은 스파르타와 30인 참주 정부 아래서 고통당했기 때문에 알키비아데스와 크리티아스를 혐오했소. 그런데 그 배후에는 소크라테스가 있었지. 소크라테스가 민주정에 대해 비판을 일삼은 것은 웬만한 사람들이 다 알고 있었소. 알키비아데스의 반역 행위와 포악했던 크리티아스의 참주 정치는 모두 소크라테스의 가르침 때문에 일어난 것이 확실하오. 그리고 이러한 신념이 점차 아테네 사회에 퍼져 나갔지.

이대로 변호사　이의 있습니다. 판사님. 크리티아스가 알키비아데스처럼 몇 년간 소크라테스를 쫓아다닌 것은 맞습니다. 하지만 크리티아스는 소크라테스의 가르침을 어느 정도 터득했을 때 그의 제자이기를 그만두었습니다. 아마도 소크라테스는 크리티아스가 자신의

너 자신을 알라! 다이몬의 말을 따르라! 지혜의 덕으로 자신의 성품을 잘 다스려 정치 공동체에게 유익한 것이 무엇인지를 판단할 수 있는 사람이 되어야지.

이 정도면 소크라테스에겐 다 배운 것 같군.

크리티아스

왜 소크라테스는 독배를 마셨을까?

뜻을 따를 제자가 아니라는 것을 알았을 겁니다. 그가 소크라테스를 떠난 후, 이들은 서로 제자와 스승으로 만난 적이 없습니다.

김딴지 변호사 이대로 변호사, 그렇게 말씀하시면 안 되죠. 소크라테스는 정치는 정치를 잘 아는 전문가에게 맡겨야 한다고 생각했습니다. 전문가가 되려면 배움이 필요한 거고요. 그런데 소크라테스가 크리티아스를 가르치지 않았습니까? 그러니 소크라테스에게도 분명 스승으로서 크리티아스의 폭정에 대한 책임이 있습니다.

이대로 변호사 판사님, 알키비아데스와 크리티아스의 과오는 인정합니다. 하지만 그들이 소크라테스의 가르침을 부도덕한 목적에 이용한 것이지, 소크라테스에게 죄가 있는 것은 아닙니다.

판사 자자, 잠깐만요. 지금 원고 측 변호사는 소크라테스가 크리티아스를 타락시켜 공포 정치를 행하도록 만든 데 책임이 있다고 주장했습니다. 피고 측은 제자의 잘못을 스승인 소크라테스에게 묻는 것은 부당하다고 말했고요. 크리티아스에 대한 양측의 변론은 잘 알겠습니다. 그럼, 알키비아데스에 대해서도 좀 정리해 주시지요?

김딴지 변호사 알키비아데스는 아테네에서 손꼽히던 유능한 장군이었습니다. 시칠리아로 원정을 떠났다가 그를 시기했던 반대파의 모함 때문에 아테네로 돌아오지 못하고, 스파르타로 망명을 떠났지요. 이후에 그는 펠로폰네소스 전쟁에서 고국 아테네를 패배로 이끄는 반역을 저질렀습니다. 바로 그런 알키비아데스도 소크라테스의 제자였습니다.

이대로 변호사 판사님, 알키비아데스는 소크라테스를 열렬히 추종했지만 그가 정치인으로서 명성을 얻은 후에는 소크라테스를 떠났습니다. 그런 알키비아데스 때문에 소크라테스가 책임을 져야 한다면 어떤 스승이 마음 놓고 제자를 가르치겠습니까? 소크라테스에게 알키비아데스의 죄를 묻는 것은 부당합니다.

앞서 말씀드린 바와 같이, 당시 아테네는 혼란스러운 정치적 갈등을 겪고 있었습니다. 이것이 소크라테스가 사형을 당한 배경이기도 합니다. 30인 참주정에서 민주정으로 뒤바뀐 후, 민주정을 비판한 소크라테스가 아니토스 일당에게 눈엣가시가 되었던 것입니다.

판사 네, 알겠습니다. 이상으로 소크라테스의 제자였던 크리티아스와 알키비아데스에 대한 양측의 입장을 잘 들었습니다. 오늘 재판에서는 소크라테스가 고발 당한 정치적 상황에 대해 알아보았는데요. 당시 소크라테스에게는 살펴본 바와 같이 여러 가지 죄목이 있었지요. 그러한 죄목들 가운데 아직 못다한 이야기들이 남아 있습니다. 이번 재판에서 가장 중점적으로 다뤄야 할 부분이 바로 소크라테스가 당시 아테네의 정치에 대해 어떤 태도를 취했는가 하는 문제인데요. 시간 관계상 다음 재판에서 좀 더 자세하게 알아보기로 하지요. 그럼 이만 재판을 마칩니다.

땅, 땅, 땅!

왜 소크라테스는 독배를 마셨을까?

다알지 기자

시청자 여러분 안녕하세요, 역사공화국
에서 누구보다 빠른 뉴스, 법정 뉴스의 다알지
기자입니다. 오늘은 아니토스 대 소크라테스의 재
판 둘째 날이었는데요. 원고 아니토스는 소크라테스가 당시 아테네의
위대한 민주정을 비판하고, 청년들을 선동해 아테네를 위기에 빠뜨렸
다고 주장했습니다. 그리고 소크라테스가 '30인 참주 정부' 주도자들
의 스승이었다며 이에 대해 피고 측과 치열한 공방을 펼쳤습니다. 그
럼 원고 측과 피고 측의 변호사를 만나 볼까요?

김딴지 변호사

소크라테스는 평범한 인간은 국가를 통치하는데 필요한 지식이나 덕이 없다며, 정치에 적극적으로 참여하는 아테네 인의 민주주의 정신을 모독했습니다. 또한 자신만이 진리를 알고 있는 양 자만에 빠져, 멋모르는 젊은 이들을 타락시켰지요. 그뿐입니까? 그는 아테네가 적국인 스파르타를 본받아야 한다고까지 주장했습니다. 게다가 소크라테스는 스파르타가 아테네를 물리치는 데 큰 공을 세운 알키비아데스, 30인의 참주정에 주도적인 역할을 한 크리티아스의 스승이었습니다. 그들은 아테네에 큰 해를 끼친 인물들이지요. 이런 제자들을 키운 소크라테스는 아테네가 펠로폰네소스 전쟁에서 스파르타에 지고, 아테네 시민이 포악한 30인의 참주 정부 아래에서 고통을 당한 데 대한 책임을 져야 합니다.

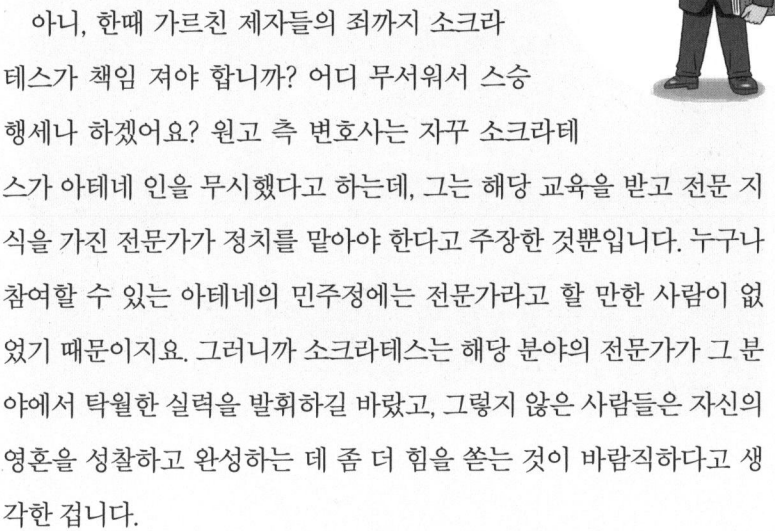

이대로 변호사

아니, 한때 가르친 제자들의 죄까지 소크라테스가 책임 져야 합니까? 어디 무서워서 스승 행세나 하겠어요? 원고 측 변호사는 자꾸 소크라테스가 아테네 인을 무시했다고 하는데, 그는 해당 교육을 받고 전문 지식을 가진 전문가가 정치를 맡아야 한다고 주장한 것뿐입니다. 누구나 참여할 수 있는 아테네의 민주정에는 전문가라고 할 만한 사람이 없었기 때문이지요. 그러니까 소크라테스는 해당 분야의 전문가가 그 분야에서 탁월한 실력을 발휘하길 바랐고, 그렇지 않은 사람들은 자신의 영혼을 성찰하고 완성하는 데 좀 더 힘을 쏟는 것이 바람직하다고 생각한 겁니다.

작품 속 소크라테스는
어떤 모습일까요?

자크 다비드의 <소크라테스의 죽음>

조각가로 유명한 다비드는 <소크라테스의 죽음>이라는 그림을 남깁니다. 현재 미국 뉴욕의 메트로폴리탄 미술관에 전시되어 있는 이 그림은 죽음을 앞둔 소크라테스의 모습을 그리고 있습니다. 침대에 앉은 그림의 가운데 있는 인물이 소크라테스인데, 사약을 앞에 두고도 초연하고 담담한 모습입니다. 반면 소크라테스 주위의 친구와 제자들은 얼굴을 감싸 쥐거나 고개를 숙이는 등 감당할 수 없는 슬픔을 표현하고 있습니다. 하늘을 가리키고 있는 소크라테스의 손가락은 신이 아니라 죽음도 말릴 수 없는 진리에 대한 추구를 의미한다고 합니다.

생 캉탱의 <소크라테스의 죽음>

사약을 받아들고 초연한 모습을 보여 주는 다비드의 그림과 달리 이 작품은 사약을 마시고 난 뒤 고통스러워하는 소크라테스의 모습을 표현하고 있습니다. 노란 옷을 입고 왼손으로 가슴을 짚고 있는 가운데 인물이 소크라테스인데, 사약의 고통 때문인지 몸이 앞으로 잔뜩 숙여져 있습니다. 그 고통을 봐야만 하는 친구와 제자들의 슬픈 탄성이 그림 밖까지 전해지는 것 같습니다.

산치오 라파엘로의 〈아테네 학당〉

로마 바티칸궁의 벽에 그려진 이탈리아 화가인 라파엘로의 〈아테네 학당〉
이라는 그림을 보면 여러 역사적 인물과 철학자를 찾아볼 수 있습니다. 총
여러 인물이 그려져 있는데, 그림의 한 가운데 이야기를 나누는 사람은 플라
톤과 아리스토텔레스라고 합니다. 그들의 옆에서 파란 옷을 입은 사람에게
열심히 이야기를 하고 있는 사람이 바로 소크라테스라고 합니다. 둥그런 코
와 튀어나온 눈, 반쯤 벗겨진 머리가 사람들이 묘사한 그의 생전 모습과 아
주 유사합니다. 또한 철학자 헤라클레이토스, 피타고라스 등도 그림 속에 있
답니다.

작자미상의 <소크라테스의 초상>

프랑스 루브르 박물관에 소장 중인 이 조각상은 소크라테스의 얼굴을 잘 표현하고 있다. 반쯤 벗겨진 이마와 크고 튀어나온 눈, 살짝 들린 들창코까지. 그의 키는 작고 옷차림은 늘 지저분하기만 했습니다. 하지만 소크라테스는 자신의 용모 때문에 의기소침하지는 않았습니다. 오히려 자신의 용모에 대한 우스갯소리를 즐기기까지 했습니다. 자기 눈은 사방을 잘 볼 수 있도록 툭 튀어나왔으며, 길고 똑바른 코보다 뭉툭한 코가 냄새를 잘 맡는다고 농담을 하기도 했지요. 이런 우스꽝스러운 생김새와 호감을 주지 못하는 외모에도 불구하고 그는 넘치는 지혜와 상대방을 존중하는 대화법을 지녔기 때문에 최고의 철학자로 지금까지도 손꼽히고 있습니다.

독배를 마신 소크라테스

1. 소크라테스는 왜 아테네 민주정을 비판했을까?
2. 소크라테스는 왜 사형을 받아들였을까?

1

소크라테스는 왜
아테네 민주정을 비판했을까?

판사　자, 아니토스 대 소크라테스의 재판 셋째 날입니다. 오늘은 지난 재판에서 알아보지 못했던 내용을 중심으로 재판을 진행하겠습니다. 우선 피고 소크라테스가 당시 아테네 정치에 대해 어떻게 생각했는지 좀 더 알아봐야겠지요?

이대로 변호사　네, 판사님. 제가 먼저 변론하겠습니다. 소크라테스의 제자인 플라톤을 증인으로 불러 주십시오.

판사　알겠습니다. 증인 플라톤은 증인석으로 나와 선서하세요.

"뭐? 그 유명한 철학자, 플라톤이 이 자리에 나온다고?"
"어머, 생각보다 잘생겼네!"
방청석 여기저기서 환호성이 터졌다.

이대로 변호사　　증인으로 모시게 되어 영광입니다.

플라톤　　허허, 별말씀을요. 나의 스승인 소크라테스가 또다시 억울하게 재판정에 선다는데 당연히 내가 나서야지요.

이대로 변호사　　아, 네네. 그럼 먼저 간략하게 자기소개를 부탁드립니다.

플라톤　　나는 귀족 가문 출신이었소. 젊었을 때는 정치를 지망하였으나, 소크라테스가 사형당하는 것을 보고 정치에 대한 미련을 버리고, ▶영원불변의 개념인 이데아(idea)를 통해 존재의 근원을 밝히고자 했지요. 나는 나의 스승 소크라테스만이 진정한 철학자라고 생각했지요.

이대로 변호사　　역시 스승을 대단히 자랑스럽게 생각하는군요. 소크라테스는 정말 존경할 만한 철학자니 당연하다고 봅니다. 그럼 소크라테스를 어떻게 알게 되셨는지 말씀해 주시지요.

플라톤　　내가 소크라테스를 알게 된 것은 펠로폰네소스 전쟁이 끝나고 갓 스물을 넘긴 때였소. 앞서 언급했듯이 나의 어머니는 아테네의 명문 귀족 출신이었소. 소크라테스의 제자로 알려진 크리티아스는 어머니와 먼 친척뻘 되었지요.

이대로 변호사　　크리티아스라면 지난 재판 때 언급되었던 30인 참주 정치의 주도자가 아닙니까? 그럼 크리티아스에 대해 누구보다도 잘 아시겠군요? 크리티아스는 어떤 인물이었나요?

플라톤　　크리티아스는 나에게 30인 참주 정치에 참여하라고 권유했소. 그러나 알다시피 30인 참주 정치는 잔인한 공포 정치를 펼쳤는데, 나는 그것이 너무 실망스러웠어요. 그래서 1년 만에 복귀한 민주정에 희망을 걸었지요. 그러나 다시 세워진 민주정은 이전 아테네 민주정의 모습이 아니었소. 나의 스승인 소크라테스를 사형시켰거든요.

이대로 변호사 　아, 그 얘기에 앞서 크리티아스는 피고 소크라테스의 제자였다고 들었는데 왜 소크라테스를 배반했나요? 30인 참주 정치 때 일어난 사건에 대해 이야기해 주시지요.

플라톤 　크리티아스가 최고 권력을 휘두르고 있을 때였소. 펠로폰네소스 전쟁에서 아테네가 스파르타에게 패한 후 스파르타의 영향으로 30인 참주 정치가 시행되었다는 것을 이제 모두 잘 알 거요. 30인 참주 정부는 자신들이 작성한 3천 명의 시민에게 공직을 나눠 주고, 그 외의 시민은 무자비하게 숙청하거나 추방시켰소. 재산을 빼앗으려는 목적으로 주로 외국인 부자들을 공격했지요.

　마침 아테네에서 존경받는 레온이라는 외국인 부자가 있었는데, 참주 정부는 소크라테스와 네 명의 시민에게 그를 잡아 오라고 명령을 내렸지요. 하지만 소크라테스는 명령에 불복하고 집으로 가 버렸소. 그래서 나머지 사람들만 살라미스 섬으로 건너가 레온을 체포했고, 결국 레온은 30인의 참주 정부에 의해 처형당했습니다.

이대로 변호사 　그래서 크리티아스는 참주 정부의 명령에 불복한 소크라테스에게 어떤 조치를 취했나요? 30인의 참주 정치 때 매우 잔인한 공포 정치가 시행된 걸로 아는데요.

플라톤　　크리티아스는 소크라테스를 불러서 젊은이들과 대화하는 것을 금지시켰소.

이대로 변호사　　네? 젊은이들과의 대화를 금지시켜요? 왜 그랬습니까?

플라톤　　소크라테스가 젊은이들에게 30인 참주 정치를 반대하는 말을 하고 선동한다는 게 그 이유였지.

이대로 변호사　　소크라테스가 민주정뿐만 아니라 30인 참주 정치도 비판했다는 뜻인가요?

플라톤　　그렇소. 소크라테스는 30인 참주 정부가 '소 치는 사나이가 소를 마구 죽이는 것처럼 제멋대로 정치한다'고 비판했지요.

판사　　그런데 이상하네요. 앞서 소크라테스는 민주정을 비판했다고 들었는데요, 그가 30인 지배도 비판한 것입니까? 그는 소수의 지배를 원했는데…… 그렇다면 30인 지배를 비판할 이유가 있을까요? 30인 지배는 적은 수의 우두머리가 국가의 최고 기관을 조직하여 정치하는 체제가 아닙니까?

이대로 변호사　　피고 소크라테스는 훌륭한 정치술에 관한 덕의 교육을 받은 사람이 정치를 하길 원했습니다. 그러므로 소크라테스가 '친스파르타적'이라느니 '과두 정치'를 원했다느니 하고 단정 지어 말할 수는 없습니다. 그는 어느 쪽의 정치적 입장도 표방한 적이 없습니다. 이뿐만 아니라, 소크라테스는 제자들이 잘못된 정치를 하도록 이끈 적도 없습니다. 오히려 소크라테스는 철학과 정치의 갈등 속에서 비정치적인 삶을 살았다고 해도 과언이 아닙니다.

김딴지 변호사　　이대로 변호사! 소크라테스는 30인 참주 정부에 반대해 망명을 간 적도 없고 과두정을 최상의 정치라고 말하진 않았지만, 이러한 견해에 적극적으로 반대하지도 않았습니다.

이대로 변호사　　이보세요, 김딴지 변호사, 그렇게 이분법적으로 세상을 보니 꽉 막혔다는 소리를 듣는 겁니다. 반대하지 않았으니 과두정을 옹호한 거라고 몰고 가는 건가요? 소크라테스는 과두정을 성립시키려는 어떤 일에도 가담하지 않았습니다. 분명한 것은 과두정이든 민주정이든 피고 소크라테스는 정의롭지 않은 정치 체제에 대해서 비판했다는 것입니다.

플라톤　　에헴, 나도 한마디 하지요. 나는 스승 소크라테스의 영향을 받아 철학이 정치보다 우월하다고 생각하게 됐소. 나는 소크라테스에게 철학을 배우면서 그가 아테네 민주정과 갈등을 일으키고 있다는 것을 알았지요. 왜냐하면, 당시 아테네 인이 민주정의 소통 방식으로 서로 합의해서 결정한 일 중에 무책임한 결정들이 참 많았소. 페리클레스가 죽고 난 후에는 특히 그랬지. 페리클레스 장군 후에 아테네 인이 신뢰했던 지도자 니키아스 장군이 아테네를 파멸과 궁지로 몰아간 것이 바로 그 증거요. 아테네 인이 무책임하고 인기 있는 지도자에게 휩쓸리는 경우가 너무 많았소. 나와 소크라테스는 그런 점에 불만을 느꼈던 거지.

이대로 변호사　　그러니까 증인의 말은 책임 있는 지도자가 있을 때, 아테네 민주정은 발전적인 방향으로 나아갔지만, 무책임한 지도자를 만났을 때는 나쁜 방향으로 나아갔기 때문에 소크라테스와 증인이 민주정에 대해 비판적이었다는 거군요.

플라톤 그렇지요. 스승 소크라테스는 정의로운 삶이야 말로 좋은 삶이라고 했소. 그는 정의를 실천하는 철학자인 자신이야말로 아테네에서 진정한 정치가라고 생각했지. 그러나 소크라테스는 민주정에 비판적이었기 때문에 정치에 적극적으로 참여하지 않은 거요.

이때 김딴지 변호사가 급히 손을 들고 발언을 요청했다.

김딴지 변호사 판사님, 여기서 중요한 점은 소크라테스가 민주 정치 제도에 비판적이었다는 것입니다. 지금과 달리 당시의 민주정이 제도적으로 미흡했던 것은 사실입니다. 그러나 아테네의 민주 정치를 비판했다는 것은 소수에게만 권력이 주어졌던 과거로 다시 돌아가자는 음모에 불과합니다. 원고 아니토스에게는 '누가 통치할 것이냐'가 아니라 '민주적인 제도'가 올바르게 통치되고 유지되느냐가 더욱 중요했습니다.

판사 일단, 알겠습니다. 이대로 변호사, 계속 신문하시지요.

이대로 변호사 증인, 소크라테스가 민주정을 비판한 이유에 대해 좀 더 말씀해 주실 수 있습니까?

플라톤 소크라테스는 "아테네 지도층은 시민을 마치 아이처럼 다룬다. 시민의 진정한 이익을 위해 배려하지 않고 그저 비위나 맞춰 가며 아첨이나 하고 있다"고 말했소. 민주정하에서의 정치인들은 어떻게든 대중의 인기를 얻어 그들의 정치 생명을 유지해야 했으니까.

그는 더 나아가 밀티아데스, 테미스토클레스, 페리클레스와 같은 위대한 정치가들 역시도 실패했노라고 주장했지.

이때 김딴지 변호사가 못 들어주겠다는 표정을 지으며 또다시 끼어들었다.

김딴지 변호사 ▶아니, 배심원제, 관리의 일당제, 관리를 희망자 중에서 추첨으로 선출하는 것 등 화려한 아테네의 민주정을 꽃 피운 페리클레스도 실패한 정치가라고 했다고요?

플라톤 소크라테스는 페리클레스가 정비한 공직에 대한 직무 수당 제도가 아테네 인을 게으르고 수다스럽고 탐욕스럽게 변하게 했다고 했소. 그들이 더 나빠졌다는 증거는 테미스토클레스나 키몬과 마찬가지로 페리클레스를 단죄했다는 데서도 드러났지.

김딴지 변호사 하, 이해할 수 없군요. ▶▶페리클레스가 통치하던 시기에 아테네는 토론이 아주 활발했습니다. 피고 소크라테스는 이러한 민주정하의 아테네에서 어린 시절을 보내며 공부했지요. 그렇게 페리클레스가 마련한 민주정의 혜택을 톡톡히 누려 놓고 민주정을 비판했다고요? 어처구니가 없군요!

이대로 변호사 판사님, 이의 있습니다. 원고 측 변호사는 계속 끼어들며 재판과 관계없는 피고의 어린 시절까지 끌어와 흐름을 방해하고 있습니다.

교과서에는

▶ 아테네에서 시민은 누구나 공직을 맡을 수 있었습니다. 관리와 배심원은 30세 이상의 시민 중에 추첨으로 선출되어, 1년 간 해당 업무를 담당했지요.

▶▶ 아테네 시민은 민주적인 분위기에서 토론을 즐겼습니다. 이는 폴리스의 시민이 자유롭게 활동하면서 인간과 자연을 합리적으로 생각하였기 때문이지요.

판사 　조금 빗나가긴 했지만 시간이 없으니 이 정도는 서로 양보하며 넘어가는 것으로 합시다. 이대로 변호사 서둘러 증인 신문 해주세요.

이대로 변호사 　네, 알겠습니다. 증인, 피고 소크라테스는 민주주의가 운영되는 방식 자체도 비판했는데요. 어떤 내용입니까?

플라톤 　소크라테스는 무엇보다 민회가 비정상적인 표결 절차로 판결했을 때 불법적이라고 공격했소.

이대로 변호사 　아테네 민회가 비정상적인 표결 절차를 거쳐 판결했다니요? 그게 대체 뭔가요?

플라톤 　음, 몇 가지 있소만, '아르기누사이 전투'를 예로 들어 보지요. 펠로폰네소스 전쟁 중에 아테네군은 스파르타와의 아르기누사이 전투에서 승리를 거뒀소. 아테네군은 155척의 함대 중에 25척만 잃었으니 엄청난 승리를 거둔 것이오. 그런데 전투 직후에 퇴각하는 스파르타군을 쫓을 것인가 하는 문제를 두고 지휘관들이 우왕좌왕했소. 아테네의 사령관들은 함대를 둘로 나누어 한쪽은 스파르타군을 추격하고 나머지 함선들은 테라메네스의 지휘 아래 생존자들을 구하도록 했지.

이대로 변호사 　음, 제가 아는 바에 따르면 폭풍이 몰아치는 바람에 두 가지 일 모두 실패했지요?

플라톤 　그렇소. 이대로 변호사가 아주 잘 알고 있군요. 스파르타 함대를 뒤쫓아 가다가 거센 폭풍우 때문에 다시 돌아왔고 마찬가지로 구조대도 두 지휘관의 명령에 불복종하였죠. 구조 임무를 맡았던

두 선장은 최선을 다했지만 전투에 지친 몸으로 거센 파도 앞에서 구조와 시신 수습하는 것을 포기한 것이지요. 우리 그리스 인에게는 전쟁에서 죽은 자를 묻어 주는 것이 생존자를 구조하는 것만큼이나 중요한 일이었소. 그런데 아르기누사이 전투가 끝나고 아테네군은 전사한 병사들의 시신을 제대로 거두지 못했소. 이 사건을 두고 아테네 의회는 전투의 승리를 기뻐하기보다는 선원들의 죽음에 분개했소.

이대로 변호사   그래서 장군들이 모두 사형을 당했고요?

플라톤   맞소. 그런데 그 과정에 문제가 있었소.

판사   어떤 문제인가요?

플라톤   음, 아테네 의회에 문제가 있었소. 아테네 의회는 장군들이 의회에 나와 이 사건에 대해 해명할 것을 명령했지. 그러자 두 명의 장군은 곧 외국으로 망명했고 다섯 명의 장군이 재판에 회부됐지요. 테라메네스와 트라시불로스는 구조대에 참가한 전직 장군이었지만 강력한 정치적 기반 때문인지 재판에 회부되지 않았습니다. 오히려 테라메네스는 다른 장군들을 고발하는 입장이었지요.

이대로 변호사   잠깐만요. 증인, 도대체 그 사건이 아테네 민주정의 맹점과 어떤 관련이 있는지 단도직입적으로 설명해 주시지요.

판사   어허, 이대로 변호사, 증인을 너무 추궁하지 마시고 차분히 들어 보지요. 증인은 계속 말씀하세요.

플라톤   사실은 폭풍우가 거세지기 전에 장군들이 신속히 명령을 내려서 병사를 구조하고 시신을 수습해야 했지요. 우왕좌왕하는 바람에 대승리의 결과가 빛을 잃게 된 것입니다. 그러나 설령 장군들에게 책임이 있다고 해도 장군들이 시민을 설득할 수 있는 시간을 주어야 했고, 항상 하던 방식대로 한 사람씩 재판 절차를 진행해야 했지요.

이대로 변호사　　그런데 왜 절차대로 진행하지 못했나요?

플라톤　　흠. 실종된 선원의 어머니나 아내, 혹은 딸들은 검은 옷을 입고 통곡하며 의회에 복수를 호소했지. 그녀들이 눈물로 호소하자 의회에 모인 사람들은 분노해, 지휘관들에게 욕을 퍼붓고 위협했소. 의회에서 한 명씩 처단할 시간도 아까우니 지휘관을 모두 한꺼번에 몰아서 처형하자는 주장이 나왔지요.

이대로 변호사　　아, 그래서 지휘관들이 단 한 번의 의회 표결로 한꺼번에 처형당한 것이군요.

플라톤　　그렇소. 그들은 재판 절차를 무시한 의회의 단 한 번의 표결로 한꺼번에 처형당하고 말았지.

판사　　전쟁 중인 국가가 숙련된 군사 지도자들을 잃게 하는 그런 판결을 내리다니요? 시민의 분노를 두려워해서 절차를 무시한 재판을 하다니? 하, 재판을 판결하는 판사로서 정말 경악을 금치 못할 일이군요.

　　아테네 민주정의 모순과 문제점이 속속 드러나자 이대로 변호사는 회심의 미소를 지었고 옆에서 증인의 말에 사사건건 딴죽을 걸던 김딴지 변호사는 당혹스러운 표정으로 입을 꾹 다물고 있었다. 재판

정은 잠시 침묵에 휩싸였다. 플라톤은 증인석에 놓인 물을 한 잔 마시고 다시 입을 열었다.

플라톤　그런데 그날, 그 살벌한 분위기에서 소크라테스는 정해진 절차를 따르지 않는 처벌 방식은 불법이므로 투표에 부칠 수 없다고 비판했소. ▶그는 그날 마침 5백 인 평의회 의장직을 맡게 되었지요. 하지만 의회는 그의 말을 무시한 채, 집단 재판의 원칙을 그 자리에서 당장 채택하고는 모든 피고에게 사형을 언도했소.

증인 플라톤이 말을 맺자, 방청석이 술렁였다.

"누가 선동한다고 여덟 명을 한꺼번에 사형시키다니 너무한데."

"그러게 말이야. 아테네 민주정의 맹점이 거기 있었구먼."

"그런 분위기에서도 이성적으로 반기를 들었다니, 소크라테스는 정말 현명한 사람이었네."

방청석의 분위기에 당황한 김딴지 변호사는 별일 아니라는 듯 애써 헛웃음을 지으며 말했다.

교과서에는

▶ 아테네의 클레이스테네스는 '5백 인 평의회'를 만들어 평민들이 정치에 참여할 수 있도록 했습니다. 5백 인 평의회는 30세 이상의 남자 시민단에서 추첨으로 선출한 사람들로 구성되었지요.

김딴지 변호사　장군들은 조국을 가장 잘 섬긴 자들을 구조하지 않았습니다. 한 시민의 생명도 소중히 여겼던 아테네의 전통을 무시한 것에 대한 분노를 가볍게 여겨선 안 될 일이었죠. 물론 아르기누사이 전투에 관한 재판의 절차에 문제가 있었다는 것은 인정합니다. 그러나 시민을 가장

소중히 여겼기에 아테네 민주정은 굳건할 수 있었다는 사실을 지적하고 싶네요. 암요.

판사　김딴지 변호사, 증인에게 더 신문할 것이 있나요?

김딴지 변호사　아니요. 없습니다.

판사　그럼, 피고 소크라테스의 재판에 대해서도 좀 더 알아봤으면 합니다.

이대로 변호사　네, 재판장님. 안 그래도 그에 대해 말씀드리려던 참입니다. 사실 그 부분과 소크라테스가 사형을 선고받은 후 도망칠 기회가 있었는데도 기꺼이 독배를 마신 이유가 분명히 밝혀져야 합니다.

판사　좋습니다. 계속 진행하세요.

왜 소크라테스는 독배를 마셨을까?

소크라테스는 왜
사형을 받아들였을까?

2

이대로 변호사 앞서 언급했지만 소크라테스는 불경죄로 고발됩니다. 그가 아테네가 인정하는 신을 모독했다는 죄목이었는데요. 이에 대해 알아보고자 에우티프론을 증인으로 모시고자 합니다. 그는 예비 청문회를 받으러 가는 소크라테스를 법원(왕의 주랑이라는 건물)에서 우연히 만나 대화를 나눴던 사람입니다.

판사 알겠습니다. 증인 에우티프론은 증인석으로 나와 증인 선서를 해 주세요.

에우티프론이 증인석에 나와 증인 선서를 마치자, 이대로 변호사가 말했다.

이대로 변호사　증인은 간단히 자기소개를 해 주시지요. 피고 소크라테스와는 어떻게 알게 되셨습니까?

에우티프론　나는 아버지를 살인죄로 고발하느라고 시민 법정에 간 일이 있소. 뭐 이번 재판에서 중요한 내용은 아니지만, 혹시 나를 오해할지도 모르니 말해 두는데, 아버지가 머슴을 제대로 돌보지 않아 머슴이 죽었기 때문에 아버지를 고소한 거요. 어쨌든 그 일로 시민 법정에 갔다가 소크라테스와 우연히 만나 이야기를 나누게 되었지요.

이대로 변호사　네, 알겠습니다. 소크라테스의 종교관에 대해서 증언을 부탁드립니다. 피고 소크라테스는 신을 믿지 않았나요?

에우티프론　아니오. 소크라테스는 신을 믿었습니다. ▶그 당시 그리스 도시국가에는 항시 종교 축제가 있었고, 축제의 순서에 따라 달력도 만들었습니다. 그리스 인은 폴리스들의 신앙심을 존중하였고, 각기 다른 종교 풍습은 그들만의 폴리스가 단결하는 힘이 되었습니다. 내가 말씀드리고자 하는 바는 종교가 그리스 인 누구에게나 가장 근본이 되는 힘이었다는 점입니다. 아테네 인은 모두 도시의 여신인 아테나와 제우스 신을 믿었지요.

이대로 변호사　증인의 말씀은 모든 아테네 인에게 종교는 정치와 마찬가지로 생활의 일부였고, 소크라테스도 당연히 신을 믿었다는 거지요? 그렇다면 소크라테스가 신앙심이 없다고 하는 것은 그가 아테네가 인정한 신이 아닌 개인적인 신을 모셨기 때문입니까?

교과서에는

▶ 고대 그리스의 종교는 다신교였는데, 신은 인간과 같은 모습과 감정을 지닌 것으로 여겼습니다.

에우티프론 그렇습니다. 소크라테스는 다이몬이라는 신이 자신에게 무엇을 해야 하고 무엇은 하지 말아야 할지를 알려 준다고 했습니다. 일종의 양심의 목소리였던 셈이지요. 어쨌든 사람들은 그런 소크라테스의 말을 듣고 자기들이 가진 종교 달력에 있지도 않은 신을 믿고 있다고 생각했을 겁니다. 하지만 분명 소크라테스는 신의 존재를 믿는 사람이었습니다. 소크라테스에게 신을 경배하는 것은 자신을 알도록 도와주는 의식이었고, 소피스트의 상대적인 가치에 대항할 수 있는 근거이기도 했지요.

이대로 변호사 그렇다면 소크라테스가 말하는 종교란 무엇이었나요?

에우티프론 경건함입니다. 경건은 신에게 경배하는 일이며, 이것은 인간이 신을 돕는 일입니다. 신은 이 세계를 훌륭하게 만들고 우리는 신을 도와 그의 뜻대로 행하는 것이지요. 소크라테스는 철학적인 삶 자체가 신에 대한 경배라고 했습니다. 그러니까 그가 신에게 경배하는 일은 철학을 하는 일이었지요. 그것은 나와 남의 영혼을 보살피는 일입니다.

이대로 변호사 그럼, 신께 경배하는 것이 소크라테스의 삶에 어떤 영향을 주었습니까?

에우티프론 소크라테스는 신에게 경건한 경배를 드리는 것과 신의 뜻을 실천하여 인간을 돌보는 것, 모두 정의로운 삶을 사는 것에 속한다고 말했습니다.

이대로 변호사 그렇습니다. 판사님, 증인의 증언을 통해 소크라테

아르콘 법정

아르콘은 고대 그리스의 도시국가 폴리스에서 국가의 업무를 관장하던 최고위 관리를 뜻합니다. '1인자', '집정관'등으로 번역되지요. 아테네의 민주정 시기에는 9명의 아르콘이 있었는데 이들 대표는 각자 행정, 종교, 군사, 사법 등을 나누어 맡았습니다. 아르콘 법정은 종교 재판권을 가진 집정관의 사무실이면서 법원 역할을 했지요.

스가 신을 모독하기는커녕 신을 경배하기 위해 철학적인 삶을 추구한 것임을 알 수 있습니다. 그럼에도 불구하고 그는 아테네가 인정하지 않는 신을 따랐다는 이유로 종교 문제를 관장하는 **아르콘 법정**에 서게 되었습니다.

여기서 소크라테스의 재판이 구체적으로 어떤 모습이었는지 살펴보기 위해 당시 재판에 참여했었던 배심원, 배시므레스 씨를 증인으로 모시고자 합니다.

판사 좋습니다. 증인 에우티프론 씨, 수고 많으셨습니다. 다음으로 배시므레스 씨는 증인석으로 나와서 증인 선서를 하세요.

배시므레스가 지팡이를 짚고 증인석으로 천천히 걸어 나와 자리에 앉자, 이대로 변호사가 신문을 시작했다.

이대로 변호사 증인, 소크라테스의 재판에 배심원으로 참여한 적이 있지요?

배시므레스 그렇소. 안 그래도 이 재판이 궁금해서 방청 신청을 하려던 참이었는데 이렇게 증인으로 불러 주니 고맙소. 나는 이승에서부터 재판을 몹시 좋아했거든. 허허.

이대로 변호사 그렇습니까? 그럼 신문을 시작하겠습니다. 증인, 당시 재판에 대해 설명해 주시겠습니까?

배시므레스 네. 소크라테스 재판에 참여한 배심원은 추첨을 통해

모집되었다오. ▶배심원을 하면 최저 생계비를 지급해 주
니 가난한 계층의 사람들이나 나처럼 호기심 많은 노인들
이 재판에 많이 참여했지. 나는 그날 추첨을 통해 소크라
테스 재판의 배심원이 되었지요.

이대로 변호사　소크라테스의 재판은 역사적으로는 중요

교과서에는

▶ 아테네는 국가 재정에 여유가 생기면서, 공직자와 배심원에게 수당을 지급했습니다.

하나, 당시에는 그렇게 중요하게 취급받지 못한 재판이었다고 하던데요. 당시에 재판은 어떻게 진행되었나요?

배시므레스　재판은 1차에서 유·무죄를 투표하고, 2차에서 피고와 원고가 각각 제안한 형량을 배심원들이 고르는 방식으로 진행되었지요. 소크라테스는 1차 투표에 대한 변론에서 자신은 시민의 영혼을 돌보는 일을 위해 살았고 앞으로도 그렇게 살겠다고 항변했지만 유죄 281표, 무죄 220표를 받아 유죄 판결이 났지요.

이대로 변호사　증인의 말에 좀 덧붙이자면, 피고 소크라테스가 카이레폰이 들려 준 신탁이 옳다고 생각한 이유는 자신만이 신이 지혜롭고 인간은 어리석다는 것을 알고 있었기 때문이라는 것입니다. 다시 말해 소크라테스는 자기 자신이 아무것도 모른다는 것을 스스로 알기 때문에 가장 현명하다는 것이었지요. 이는 소크라테스가 자신이 고발당한 이유가 정치적인 보복이라는 점을 꿰뚫어 보고 이야기한 것이지만, 대부분의 배심원이 뭐 저런 말을 깊게 생각했겠습니까?

배시므레스　에이, 뭘 또 그렇게까지 말하시오. 나는 정말로 재판에 관심을 갖고 참여했다니까요? 판사님보다 내가 더 재판에 참여한 횟수가 많을걸!

판사　당시 법정에 서게 된 소크라테스는 많이 당황했겠군요. 어땠나요, 증인?

배시므레스　그게…… 내가 재판에 많이 참석해 봐서 아는데 보통 재판의 피고는 끈질기게 자신을 변론하기 마련이거든. 근데 소크라테스는 좀 이상했소. 그는 아니토스, 멜레토스, 리콘이 자신을 고발한 내용이 터무니없다고 항변했지만, 배심원들의 동정을 얻으려고 하지는 않았소. 소크라테스는 마치 얼른 사형 선고를 내리라는 듯 우리 배심원을 자극하고 동요시켰다오.

이대로 변호사　　그때 소크라테스가 뭐라고 했는지 기억나는 게 있으면 말씀해 주시지요.

배시므레스　　그게…… 이제 내가 너무 늙어서 기억이 가물가물한데……. 아! 만약 자신이 무죄로 석방되면, 아테네의 등에로 남아 시민의 영혼을 보살피겠다고 한 게 기억나는구먼. 그리고 자신은 그리스 젊은이들에게 새로운 사상과 철학을 가르친 공로가 있으니, 국가에서 오히려 공로 연금을 주어야 마땅하지 않느냐고 따지기도 했지. 아마 그가 그렇게 따지지만 않았더라면 벌금이나 물고 감옥에서 조금 있다가 나왔을 지도 모르오.

판사　　당시 재판 진행 과정을 간략히 말씀해주시겠습니까?

배시므레스　　당시는 30세 이상의 나처럼 명망 있는 시민 501명으로 구성된 배심원이 유무죄를 판결했소. 재판은 2심제였는데 투표를 통해 피고의 유죄 여부를 가린 뒤, 유죄로 판결된다면 그 다음 2차 재판에서 형벌을 선택하는 투표를 했지요.

　소장을 쓴 원고 아니토스와 다른 고발인들은 2차 재판 때 소크라테스에게 사형을 선고해야 한다고 주장했소. 흔히 사형 선고를 받은 피고는 차라리 자신을 추방할 것을 제안하지요. 이럴 경우 배심원들은 피고의 제안을 받아들여 사형 대신 추방하기로 판결하는 것이 관례였소. 그런데 소크라테스는 그렇게 요구하지 않더이다.

등에
소크라테스는 자신이 사람들에게 캐묻고 다닌 일이 사람들에게 자극을 준다는 의미에서 흡혈 곤충인 '등에'에 자신을 비유해 말한 것입니다.

판사　왜 그런 것일까요?

배시므레스　글쎄, 그것까지는 내가 알 수 없지만……. 분명한 건 마치 소크라테스가 사형을 원하는 것처럼 보였다는 거요. 결국 2차 투표에서 80명이 그에게 등을 돌려 361 대 140으로 사형이 확정되었지. 배심원들은 소크라테스의 태도가 오만하다고 느꼈소. 그나마 소크라테스에게 남아 있던 동정표까지 없어져 버렸지. 소크라테스가 유죄 판결을 받은 것은 분명 본인이 자초한 부분이 있었소. 충분히 배심원들을 설득해 사형을 면할 수도 있었는데……. 아무튼 이제껏 내가 본 재판 중에 가장 이해할 수 없는 재판이었소.

이대로 변호사　증인 배시므레스 씨가 말한 것과 같이 소크라테스는 사형을 선고받았다고는 하나 추방을 신청할 수도 있었습니다. 그러나 소크라테스는 사형 선고를 받아들이고 독배를 마셨지요. 판사님, 이제 그가 왜 이런 결정을 내렸는지 알아보고자 합니다. 당시 소크라테스와 함께 있었던 크리톤을 증인으로 불러 주십시오.

판사　좋습니다. 증인 크리톤은 증인석으로 나와 주세요.

　판사의 부름에 크리톤이 증인석으로 성큼성큼 걸어 나왔다. 증인석에서 내려온 배시므레스는 지쳤는지 지팡이를 짚고 불안하게 걸었다. 그러자 크리톤이 배시므레스를 부축해 자리까지 안내했다. 그가 다시 증인석으로 돌아와 앉자, 이대로 변호사가 말했다.

이대로 변호사　아주 친절하시군요.

크리톤 　별말씀을…… 허허허. 올바르게 살아야 하지 않겠소.

이대로 변호사 　네, 그럼요. 옳은 말씀입니다. 먼저 간단히 자기소개를 해 주시지요.

크리톤 　그러지요. 나는 소크라테스와 아주 오래된 친구 사이였소. 그와 나는 '올바름'과 '불의함', 그리고 부정의에 대한 적절한 대응에 대해 깊은 대화를 나누곤 했지요.

이대로 변호사 　증인, 피고 소크라테스가 사형을 당했을 당시의 이야기를 좀 해 주시지요.

크리톤 　그러지요. 사형 선고가 내려지면 곧바로 집행되는 것이 관례였지만, 소크라테스가 사형을 선고받았을 때는 매년 델로스에서 열리던 축제와 그 시기가 겹쳤소. 그래서 축제에 참가한 사람들이 아테네에 돌아올 때까지 소크라테스의 사형 집행이 연기되었지요. 그래서 소크라테스는 사형 집행까지 30일의 여유가 있었소. 나는 소크라테스에게 탈출하라고 권유했지요. 하지만 소크라테스는 이를 거부했어요.

이대로 변호사 　증인은 피고 소크라테스가 탈출을 거부한 이유가 뭐라고 생각합니까?

크리톤 　우리가 살던 아테네는 민주정을 내세우며, 대화와 설득을 통해서 공론을 형성하고 정책을 결정했소. 뿐만 아니라 재판에서도 설득을 통해 자신을 변론할 수 있었소. 그래서 아테네에서는 상대방을 설득시켜 재판에서 이기려고 소피스트에게 수사학을 배우는 것이 유행이었소. 소크라테스도 법정에서 그의 뛰어난 철학적 지식과

논리를 통해 본인의 무죄를 증명하고 자신을 고소한 멜레토스와 아니토스 일당의 논리적 허점을 예리하게 짚어 내었죠. 하지만 끝내 재판에서 이기지는 못했습니다. 나의 만류에도 불구하고 소크라테스가 독배를 기꺼이 받아든 이유는 아테네 인을 설득하고자 했던 자신의 사명이 실패했기 때문이었을 거요. 또한 칠십 평생을 아테네에서 살아온 소크라테스에게 아테네의 법을 거부한다는 것은 자신의 인생을 부정하는 것과 마찬가지였던 것이지요.

웬일인지 여태껏 이대로 변호사의 증인 신문을 가만히 듣고만 있던 김딴지 변호사가 크리톤의 증언에 발끈하며 일어섰다.

김딴지 변호사 아니, 뭐 그렇게 인생을 어렵게 살려고 했는지 모르겠군요! 재판장님, 피고 측 변호사가 더 이상 신문할 것이 없으면 이제 제가 피고 소크라테스를 신문해도 되겠습니까? 피고에게 직접 묻는 게 빠를 것 같네요.

판사 음, 그럴까요? 이대로 변호사, 증인에게 신문할 것이 더 있습니까?

이대로 변호사 아니요.

판사 그러면 김딴지 변호사가 피고를 신문하세요.

김딴지 변호사 네, 알겠습니다. 자, 피고, 제가 단도직입적으로 묻겠습니다. 피고는 재판에서 사형을 다른 형벌로 대체할 수도 있었는데 왜 배심원들을 자극하여 사형 선고를 자초했나요?

소크라테스 나는 정의로운 삶을 위한 일이라면 목숨도 아깝지 않았소. 사람들은 내가 아테네를 위협하는 행동을 했다고 여긴 듯합니다. 하지만 내가 재판에서 죽음을 택한 것은 결코 나를 고소한 아니토스와 멜레토스, 그리고 리콘에게 감정적으로 보복하기 위해서가 아니었소. 또한 아테네의 정치 체제가 민주정이든 30인의 참주정이든 그것 또한 중요하지 않았지. 나는 그저 부정의한 것을 부정의하다고 말하고 정의로운 것을 추구하고자 하는 내 양심에 따라 행동했을 뿐이오.

김딴지 변호사　　피고, 자꾸 그렇게 두루뭉술하게만 얘기하지 마시고 속 시원히 말해 주시겠습니까? 피고는 왜 도망가지 않았나요?

소크라테스　　내가 추방을 요청하지 않은 것은 내 사랑하는 조국 아테네를 떠나고 싶지 않아서였소. 나는 아테네에서 나고 자랐지. 내가 사랑하는 것들이 모두 아테네에 있는데, 어떻게 아테네를 떠나 살겠소? 게다가 불명예스러운 추방형이나 도망을 택해, 이 나이에 먼 타국에서 비굴하게 연명이나 하라고? 나의 철학적 자존심과 신념이 그런 일을 하도록 내버려 두었을 것 같소?

판사　　그 이유가 전부입니까?

소크라테스　　음, 내가 죽음을 받아들인 또 다른 이유는 확고한 믿음 때문이었소. 나는 '영혼 불멸성'에 대한 확신을 갖고 있었지요. 죽음을 두렵거나 나쁜 것으로 생각하지 않았다오. 어쩌면 죽음이란 인간이 육체로부터 해방되어 이성적 사유에 날개를 달 수도 있는 기회라 여겼소. 비록 아테네가 나에게 독배를 내렸지만 그것은 나의 육신만 죽게 할 뿐, 내 영혼까지 죽음에 이르게 할 수는 없었지. 그러니 죽어서 나를 이곳, 세계사법정에 세운 원고 아니토스도 이제 그만 마음을 편히 가졌으면 좋겠습니다.

김딴지 변호사　　마음을 편히 가졌으면 좋겠다고요? 피고가 철학적 순교자, 위대한 성인으로 칭송받는 것 자체가 원고 아니토스를 괴롭히는 일입니다! 피고가 사형을 택한 것은, 원고를 포함한 고발자들을 고통스럽게 하는 최악의 방법이었지요. 피고가 사형을 선택하는 바람에 원고 아니토스는 위대한 성인을 사형으로 몰아간 파렴치한 이 되었잖습니까!

이대로 변호사 이의 있습니다, 판사님! 원고 측 변호사는 피고 소크라테스가 원고 아니토스를 괴롭히려고 일부러 사형을 택한 것처럼 말하는데 소크라테스는 자신의 철학과 소신에 따라 죽음을 선택한 것뿐입니다. 피고 소크라테스가 사형된 후, 수많은 아테네 인은 후회했고 소송을 제기한 아니토스와 리콘을 추방했습니다. 멜레토스는 사형 판결을 받았고요. 이 모든 것이 그들의 인과응보라 할 수 있습니다.

김딴지 변호사 인과응보라니요! 그러면 아테네의 민주정을 위협했던 소크라테스가 사형을 당한 것은 인과응보가 아닙니까?

이대로 변호사 피고 소크라테스가 기꺼이 독배를 마신 이유는 그가 경멸한 아테네 민주정의 모순을 마지막까지 몸소 보여 주기 위해서였습니다. 어리석은 다수의 정치 참여자들로 인해 자신처럼 지혜롭고 위대한 철학자가 죽임을 당할 수도 있다는 걸 직접 보여 준 것이지요. 소크라테스는 정치적인 죽음을 택함으로써 아테네의 법이 '악법'이라는 것을 역사적으로 증명해 낸 겁니다. 역시 위대한 철학자는 마지막 모습도 남달랐던 것이지요.

소크라테스 내가 더 보충하도록 하지요. 나는 늘 정의로운 삶은 부정의한 삶보다 행복하고 가치 있는 삶이며, 그것은 자신의 이익만을 추구하지 않는다고 제자들에게 가르치며 시민을 설득하려고 했소.

그렇지만 나의 철학에 대해 진정으로 이해한 사람은 없었던 것 같소. 나의 위대한 제자 플라톤 덕분에 내가 이렇게 유명하게 되었지만, 그도 시민을 설득하려고 노력하기보다는 철인 왕을 내세워 정치적인 권력을 추구했지요.

김딴지 변호사 하지만 ▶아테네 인은 책임감 있고 자유롭게 정책 결정을 했고, 그렇기 때문에 정책적인 실수를 했을 경우라도 빠르게 극복할 수 있었습니다. 이러한 아테네 인의 삶을 제멋대로라고 말하며 부정의한 삶이라 피고 소크라테스가 비판한 것은 이해할 수 없습니다.

소크라테스 나의 비판이 너무 지나쳤다고 생각하지 마시오. 나는 사람들이 자신의 영혼을 돌보며 스스로 성찰하고 정의로운 삶을 살 수 있도록 계몽하고자 한 것뿐이오. 하지만 아테네 시민은 나의 이런 생각을 이해하지 못했지요.

판사 네, 잘 알겠습니다. 오늘은 소크라테스가 민주정을 비판한 이유와 그의 정치 철학에 대해 집중적으로 알아보았습니다. 아직도 양측의 입장이 팽팽히 맞서고 있지만, 시간이 다 되어 이것으로 3차 공판도 마치고자 합니다. 한꺼번에 여러 이야기를 들으니 정리할 시간이 좀 필요하군요. 잠시 휴정한 후에 양측의 최후 진술을 듣도록 하겠습니다.

땅, 땅, 땅!

델포이 신전의 신탁

어느 날 소크라테스의 친구인 카이레폰이 델포이 신전을 찾아가 신탁을 물어보았습니다. 그곳의 사제는 "소크라테스가 이 세상에서 가장 지혜로운 자다"라고 신탁을 내렸지요. 카이레폰은 이 신탁을 소크라테스에게 말했습니다. 하지만 소크라테스는 그 신탁을 믿을 수 없었지요. 그래서 신탁이 맞는지 틀린지 알아보기 위해 하던 일도 그만두고 자기보다 지혜로운 자를 찾으러 다녔습니다. 아테네에서 유명한 지식인들을 찾아가 자신의 무지를 밝히고 '절제란 무엇인가?' '정의란 무엇인가?' 등 여러 가지를 물었지요. 이에 대해 지식인들은 모두 잘 아는 듯이 말했지만 그 어떤 대답도 소크라테스를 만족시킬 수 없었습니다. 그러고 나서 소크라테스는 깨닫습니다. '아, 델포이 신탁이 맞았다. 나는 내가 모른다는 사실을 안다는 점에 있어서 아테네에서 가장 지혜로운 사람이다'라고요. 이후 저명한 인사들을 당황하게 만드는 질문을 하고 다니던 소크라테스의 행동은 그들의 눈엣가시가 되었고, 결국 소크라테스는 불경죄와 젊은이들을 타락시켰다는 죄목으로 법정에 서게 되었습니다.

소크라테스의 다이몬과 영혼 불멸

소크라테스는 평생 다이몬이 들려주는 소리에 따라 살았습니다. 다이몬이란 소크라테스의 정신적인 기둥과 같았는데, 일종의 수호천사 같은 것이라고 볼 수 있겠지요. 다이몬의 소리란 양심의 소리라고 할 수도 있고, 사람들의 동물적인 감각 같은 것을 말한 것인지도 모릅니다. 다이몬의 소리는 어떤 때는 자주 들리고 어떤 때는 아주 오랫동안 들리지 않았다고 하는데요. 소크라테스는 다이몬의 소리가 들릴 때까지 멈춰서 기다리곤 했답니다.

또한 소크라테스는 인간에게 영혼이 있으며, 영혼은 절대로 죽지 않는다고 생각했습니다. 그는 죽음을 꿈꾸지 않고 자는 것으로 생각했는데요. 다른 한편으로 사람의 영혼이 이 세상에서 다른 곳으로 옮겨 가는 것이 죽음이라고 보았습니다. 영혼이 옮겨 간다는 것은 영혼이 사는 세상이 따로 있다는 뜻이며, 영혼이 사는 그 세상에는 먼저 죽은 영혼이 있다고 생각했습니다. 이렇게 영혼의 세계가 있다는 것은 사람의 영혼이 죽거나 사라지지 않고 영원히 존재한다는 뜻이지요.

다알지 기자

안녕하세요, 법정 뉴스 시청자 여러분. 오늘 아니토스 대 소크라테스의 재판에서는 피고 소크라테스가 당시 아테네 정치에 대해 어떻게 생각했는지 지난 재판에서보다 자세하게 알아보았습니다. 먼저 증인으로 소크라테스의 제자였던 플라톤이 나온 것이 인상적이었는데요. 플라톤은 소크라테스의 입장에서 아테네 민주정의 맹점을 설명해 주었습니다. 이에 대한 배심원들의 반향이 컸는데요. 그럼, 재판을 마치고 나온 양측 변호사를 만나 이야기를 들어 보지요.

김딴지 변호사

　오늘 재판에서 증인 플라톤이 말한 아테네 민주정의 맹점에 대한 증언으로 조금 밀리는 감이 있었습니다. 하지만 피고 소크라테스는 아테네의 민주정을 비판할 자격이 없는 인물이에요. 그는 토론이 활발했던 아테네의 민주정 아래에서 어린 시절을 보냈지요. 소크라테스만큼 민주정의 혜택을 톡톡히 본 사람이 또 있을까요? 그런 그가 아테네 민주정을 비판하다니요. 어처구니가 없군요. 그러므로 피고가 철학적 순교자, 위대한 성인으로 칭송받는 것 자체가 원고 아니토스를 괴롭히는 일이었습니다. 그가 피할 수 있었는데도 굳이 독배를 마시는 바람에 원고 아니토스는 위대한 성인을 사형으로 몰아간 파렴치한이 된 것입니다. 그러니까 피고가 사형을 택한 것은, 원고를 포함한 고발자들에게 복수하는 최악의 방법이 된 셈이지요.

이대로 변호사

원고에게 복수하기 위해 소크라테스가 독
배를 마신 것이라고요? 하, 참내. 피고 소크라테
스는 훌륭한 철학교육을 받은 사람이 정치하기를 원
했습니다. 증인 플라톤이 말한 것처럼 아테네의 민주정에는 여러 맹점
이 있지 않았습니까? 민회에서 무책임한 결정을 많이 내렸지요. 소크
라테스는 바로 그런 점에 불만을 가졌던 겁니다. 국가를 위해 중요한
일을 맡아 처리할 관직을 제비뽑기로 뽑는 건 말이 안 되는 거였지요.
소크라테스는 아테네의 민주정에 부정의한 부분이 많았기 때문에 비
판적이었던 것뿐입니다. 오히려 그는 비정치적인 삶을 살았다고 해도
과언이 아니지요.

왜 소크라테스는 독배를 마셨을까?

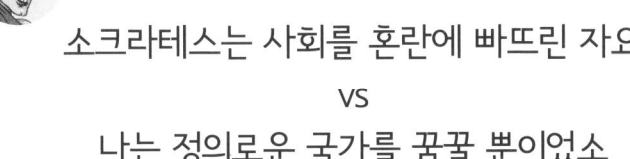

소크라테스는 사회를 혼란에 빠뜨린 자요
VS
나는 정의로운 국가를 꿈꿀 뿐이었소

판사　양측 모두 자리했습니까? 자, 이제 피고와 원고의 최후 진술을 듣겠습니다. 지금이 피고와 원고가 발언할 수 있는 마지막 기회입니다. 지금까지의 재판 내용과 함께 마지막 변론을 근거로 배심원들의 의결서가 작성될 것이고, 그것을 참고하여 판결할 것입니다. 원고와 피고는 마지막으로 자신의 입장을 충분히 변론하기 바랍니다. 원고인 아니토스부터 변론하세요.

아니토스　먼저 이 자리에서 나의 명예를 되찾아 주고자 애쓴 김딴지 변호사에게 감사의 말을 전하오. 지금까지 나는 나를 변론해 주는 사람도, 나에 대해 좋게 기록한 역사책도 보지 못했소. 피고 소크라테스에 대해서는 차고 넘칠 정도로 무수한 책이 나왔지요. 이러한 책 속에서 나는 위대한 철학자인 소크라테스를 죽인 우매한 인물로 그려집니다.

나는 아테네가 위태로울 때, 포악한 '30인 참주정' 인사들과 맞서 민주정을 지키려고 애썼소. 나와 같은 사람이 없었다면 역사 속에서 민수 성지의 은석을 찾기 어려웠을 거요. 소크라테스가 철학석인 업적이 뛰어나다는 것은 나도 잘 알고 있소. 그는 후대의 학문에 지대한 영향을 준 사상가지요. 하지만 그를 역사적으로 평가해 본다면 어떨까요? 그는 아테네 민주정을 비판하며 청년들을 선동했고, 그들로 하여금 국가 제도를 경시하게 했소. 다시 한 번 말하지만 그는 민주주의자가 아니었고, 사회를 혼란에 빠뜨린 장본인이오. 우리 아테네를 위기에 빠뜨린 알키비아데스와 크리티아스가 그의 제자들이었다는 점도 잊지 마시오.

마지막으로 나는 이번 재판을 통해 역사 앞에 그를 재평가하고, 나의 잃어버린 명예도 되찾을 수 있기를 바라오. 배심원 여러분과 재판장은 이 점을 꼭 명심해서 현명한 판단을 내려 주시오.

판사　잘 알겠습니다. 피고 소크라테스도 최후 진술해 주십시오.

소크라테스　이렇게 재판정에 서고 보니 새삼 이승에서의 지난날이 떠오르는군요. 하지만 이번 재판은 지난 재판보다 그렇게 심경이 복잡하지 않습니다. 아무튼 세 차례에 걸친 공판에서 나의 입과 귀가 되어 수고해 준 이대로 변호사에게 깊이 감사드립니다.

이미 재판에서 나의 제자인 플라톤을 비롯한 여러 증인이 이야기했듯이 사실 나는 당시의 아테네의 정치 체제가 민주정이든, 30인의 과두정이든 그런 것은 중요하지 않다고 생각했지요. 나는 그저 정의

　왜 소크라테스는 독배를 마셨을까?

나는 포악한 과두정 인사들과
맞서 민주정을 지키려고 애썼소.
나와 같은 사람들이 없었다면 인간의
역사 속에 민주 정치의 흔적을
찾기 어려웠을 거요. 소크라테스는
민주주의자가 아니었고, 사회를
혼란에 빠뜨린 장본인이오!

아테네 민주정에는 분명
여러 가지 맹점이 있었습니다.
사실 나는 민주정을 비판한 것이
아니라 그저 정의로운 국가를
꿈꿨을 뿐이었고, 그러려면
정치에 통찰력을 지닌 전문가가
지배해야 한다고 생각했다오!

로운 국가를 꿈꿀 뿐이었고, 그러려면 정의로운 삶, 정의로운 나라를 구성하기 위해 자신과 타인의 영혼을 보살필 수 있는 정의로운 자가 지배해야 한다고 생각한 거요. 부정의한 자들은 자신의 이익만을 추구하거든. 존경하는 재판장, 그리고 배심원 여러분. 부디 나의 진심이 또다시 아니토스로 인해 왜곡되지 않기를 바라오.

판사   네, 원고와 피고의 최후 진술을 잘 들었습니다. 양측 변호사와 배심원 여러분도 수고 많으셨습니다. 원고와 피고, 그리고 관련자들의 진술을 충분히 들으셨으니, 이를 참고하여 최종 판결을 내리겠습니다.

    땅, 땅, 땅!

왜 소크라테스는 독배를 마셨을까?

역사공화국 세계사법정 재판 번호 07 아니토스 vs 소크라테스

주문

역사공화국 세계사법정은 아니토스가 소크라테스를 상대로 제기한 명예 훼손에 의한 정신적 손해 배상 청구를 기각한다.

판결 이유

원고는 피고가 자신의 명예를 훼손했다고 주장했다. 원고인 아니토스는 피고인 소크라테스가 철학 교육을 받은 소수의 현자가 정치를 해야 한다고 외치면서 아테네의 민주정을 위태롭게 했다고 주장했다. 따라서 소크라테스를 위대한 철학자로, 철학의 순교자로 후대 사람들이 존경하는 것은 잘못된 일이라고 말했다. 그러나 재판에 나온 증거와 증인들의 증언, 원고와 피고의 변론을 종합해 볼 때, 아니토스의 주장은 사실이라고 보기 어렵다. 안정적이지 못했던 당시 아테네의 상황에 대한 책임을 전적으로 소크라테스에게 지울 수는 없다. 당시 아테네는 역사적으로 오랜 전쟁에서 스파르타에 패한 직후였다. 아테네 시민 사이에는 불신의 골이 깊었다. 이러한 역사적인 일련의 사태에 대해 소크라테스 한 사람에게만 책임을 묻는 것은 옳지 않다.

또한 피고 소크라테스가 원고 아니토스의 명예를 훼손했다고 보기도 어렵다. 소크라테스의 죽음이 결과적으로 후대에 아니토스에 대한 부정적인 평가를 낳았지만, 아니토스를 비롯해서 아테네 민주정은 잘못된 판단을 한 것이기 때문이다. 아테네 민주정은 소크라테스를 사형할 것이 아니라, 토론하고 설득할 자유로운 기회를 주어야 했다.

본 법정은 원고와 피고가 변론술에 능했던 인물들인 만큼 피고가 아고라 광장에서 그랬던 것처럼 서로 깊은 대화를 나눠 보기를 권고하는 바이다. 그리하여 역사공화국에도 고대 아테네서와 같은 자유로운 토론 문화가 꽃피기를 담당 판사로서 바라는 바이다.

역사공화국 세계사법정 담당 판사 명판결

"소크라테스가 다양한 의견을 존중했다고요?"

누구보다 빠르게 역사공화국의 소식을 전하는 다알지 기자. 다알지 기자는 오늘도 발에 땀이 나게 달리고 있었다.

"자자, 얼른 가자고. 휴⋯⋯."

오늘은 전 세계적으로 유명한 여성 정치학자, 한나 아렌트를 인터뷰하기로 한 날. 다알지 기자는 한나 아렌트가 직접 방송국으로 전화를 걸어 온 날의 기쁨을 잊지 못했다.

"법정 뉴스지요? 저기, 다알지 기자님 계신가요?"

"음, 제가 다알지입니다만⋯⋯."

"다 기자님? 사무실에 계신 걸 보니 오늘은 취재를 나가지 않으셨나보군요. 정말 다행입니다. 수고가 많지요?"

"하핫, 별말씀을요. 그런데 누구⋯⋯신지?"

"아, 저는 한나 아렌트라고 합니다."

"네? 하, 한나 아렌트 씨요? 유, 유명한 분이 어, 어쩐 일로 저를……."

"지난 아니토스 대 소크라테스의 재판 중계방송을 아주 인상 깊게 보았거든요."

"아, 그, 그러세요?"

다알지 기자는 긴장이 되어 수화기를 잡은 손에 땀이 났다.

"아실는지 모르겠지만, 나는 소크라테스와 플라톤의 사상을 서로 대립되는 것으로 보았는데요. 이번 재판을 보면서 하고 싶은 말이 너무 많더군요."

"하, 할 말이 많으셨다고요?"

한나 아렌트의 말에 다알지 기자는 눈을 반짝였다. 순간, 특종! 이 두 음절의 단어가 다알지의 머릿속에 떠오른 것이다. 이 느낌을 놓칠 리 없는 다알지 기자!

"저기, 한나 아렌트 씨. 아, 제가 진행하는 '한밤의 TV인터뷰'라는 코너가 있는데요. 안 그래도 한나 아렌트 씨를 인터뷰하고 싶어서 백방으로 알아보던 차입니다. 괜찮으시다면……."

"아, 그러세요? 그럼 한번 뵐까요?"

다알지 기자는 당장 약속 시간을 정하고 한나 아렌트의 연구실로 달려갔다.

똑똑.

"아, 다알지 기자군요."

한나 아렌트가 환하게 웃으며 다알지 기자를 맞았다.

"한나 아렌트 씨, 만나 뵙게 돼서 정말 영광입니다. 선생님이 쓰신 『전체주의의 기원』을 읽고 꼭 한 번 뵙고 싶었거든요. 하하."

"그랬군요. 저도 정말 반갑습니다. 그런데 오늘 인터뷰는 어떻게 진행하실 건가요?"

"아, 일전에 통화할 때 말씀하셨던 소크라테스와 플라톤에 대한 이야기부터 시작하지요."

"네. 그럴까요?"

"카메라 감독, 준비됐나?"

다알지 기자는 카메라 감독이 준비됐다는 신호를 보내자, 바로 인터뷰에 들어갔다.

"안녕하세요, 한밤의 TV인터뷰 시청자 여러분. 오늘은 우리 시대 최고의 지성, 유명한 여성 정치학자, 한나 아렌트 씨를 모셨습니다. 한나 아렌트 씨, 플라톤과 소크라테스에 관련해 해 주실 말씀이 많다고요?"

"네. 간단히 설명하지요. 플라톤은 스승인 소크라테스의 사형 판결을 보고 정치에 대해 몹시 실망했습니다. 그래서 정치가가 되려던 꿈을 깨끗이 포기했지요. 플라톤은 다양한 '의견'과 참된 '진리'를 구분했고, 진리만을 인정하려고 했습니다. 플라톤은 정치적 가치 판단의 기준을 철학에서 찾고자 했습니다. 이 부분이 소크라테스와 플라톤의 사뭇 다른 점이지요."

"음, 한나 아렌트 씨의 말은…… 그러니까, 소크라테스가 플라톤

분명히
특종이야! 흐흐.

플라톤과 소크라테스에
관련해 주실 말씀이
많다고요?

네, 오늘은
소크라테스와
플라톤의 사상이
어떻게 다른지
살펴보고자….

에필로그

과 달리 '다원성'을 인정했다…… 이겁니까?"

다알지 기자가 되묻자, 한나 아렌트가 허스키한 목소리로 말했다.

"그렇습니다. 다알지 기자님은 이해가 빠르시네요. 소크라테스가 원했던 '다원성'을 대신해서 플라톤은 설대적 '난일성'을 추구했습니다."

"흠, 다원성……이라고요? 소크라테스의 다원성이라면 구체적으로 무엇을 뜻하는지 설명해 주시지요."

"소크라테스의 다원성을 여실히 보여 주는 것은 플라톤의 초기 대화편들입니다. 이 편들은 어느 하나도 확실한 결론을 맺으며 끝나는 것이 없습니다. 서로의 대화에 대해 확신하지 못하고 많은 의문을 남긴 채 대화가 종결되지요. 대화 속의 무수한 질문들에 대한 해답 없이 결론 없음으로 끝난다는 것입니다."

"아, 그 말은 소크라테스가 대화 속에 의견의 다원성을 열어 놓았다고 보는 거군요?"

"그렇지요. 소크라테스의 열린 대화는 매우 중요합니다. 아테네인은 기원전 5세기경에야 비로소 서로 다른 의견을 인정하면서 '정치적' 소통 행위를 시작했거든요."

"그러니까 소크라테스가 '정치적'인 소통 행위를 인정했다는 말씀입니까? 그거 재미있는 말이네요. 어쨌든, 소크라테스의 철학에 대한 공헌을 잊지 말라는 날카로운 지적, 감사합니다."

"아, 아니, 내가 하려는 말은 소크라테스의 사상과 플라톤의 사상을 구분 지어 생각해볼 필요가 있다는 것이지요. 그래야 소크라테스의 사상을 더욱 드높일 수 있지 않겠습니까? 그러니까……."

한나 아렌트와의 오랜 인터뷰를 순조롭게 끝낸 다알지 기자. 다알지 기자는 지난번 회의 때 국장에게 들은 쓴소리를 떠올리며 회심의 미소를 지었다.

"다 기자, 신선한 인터뷰 좀 없나? 이건 뭐 매번 그 사람이 그 사람, 그 내용이 그 내용이니 원. 신선한 인물을 찾지 못하면 이번 개편 때 어떻게 되는지 알지?"

그 후로 방송국에 들어갈 때마다 요리조리 부장을 피해 다녔던 다 기자였다.

"흐흠, 나, 다알지가 이 정도라고. 최고의 정치학자가 스스로 찾는다, 이 말씀!"

다알지 기자는 인터뷰를 마치고 한층 우쭐해져서 당당한 걸음으로 방송국으로 향했다.

"자, 가자고!"

고대 철학이 살아있는 그리스 아테네

그리스 국기

유럽의 동남부 발칸 반도의 남단에 위치한 그리스는 신화가 살아 있는 곳이자, 고대 철학을 느껴 볼 수 있는 곳입니다. 특히 그리스의 아테네라는 도시는 소크라테스가 태어난 곳이자, 고대 철학이 왕성하게 꽃피웠던 곳이기도 합니다. 지혜의 여신인 아테네 여신을 연상하게 하는 이름을 가진 아테네는 그리스-로마 신화와 고민과 사유에서 출발하는 철학이 공존하는 곳이지요.

아테네 중심이 되는 곳은 '신타그마 광장'으로, 그리스 각지로 뻗는 거리는 이곳을 기점으로 삼습니다. 이 이름은 '헌법광장'이라는 뜻인데, 이곳에서 최초의 헌법이 공포되었기 때문에 붙여진 이름입니다. 아테네에는 '아크로폴리스 유적'이 있습니다. 이곳에서 가면 파르테논 신전을 비롯한 수많은 신전들을 살펴볼 수 있지요. 이곳에는 소크라테스가 갇혔었다는 감옥이 있기도 합니다. 또한 고대 그리스의 심장부 역할을 한 '고대 아고라'도 아테네에 있습니다. 이곳에서 고대 그리스인은 정치를 논하고 생각을 나누는 등 각종 정보를 공유하고는 했습

소크라테스가 갇혔던 아테네의 감옥

니다. 소크라테스도 이 곳 어디에선가 젊은이들과 대화를 하기도 했을 것입니다.

소크라테스가 살았던 당시 아테네는 도시 국가로 이웃인 스파르타와 경쟁하며 성장하는 나라였습니다. 그래서 스파르타와 전쟁도 잦았지요. 소크라테스 역시 '아테네의 시민'으로, 중장보병의 신분으로 전쟁에 3번이나 참전합니다. 전쟁에 참전할 때를 제외하고는 소크라테스는 아테네를 떠난 적이 한 번도 없다고 전해집니다.

위치 그리스의 수도로 그리스 아티키 지방
동경23°43′ 북위37°58′

『역사공화국 세계사법정 07 왜 소크라테스는 독배를 마셨을까?』와
관련한 논술 문제를 풀어 봅시다.

※ 다음 제시문을 읽고 물음에 답하시오.

　　소크라테스는 아테네의 젊은이들을 나쁜 길로 빠지게 한다는
죄목을 받게 됩니다. 또한 나라에서 인정하는 신을 믿지 않고 새
로운 신을 믿는다는 죄로 재판을 받은 끝에 사형 선고까지 받게
되지요. 소크라테스의 친구들은 그대로 놓아두면 사형을 당할 것
이 분명한 소크라테스를 탈출시키기로 합니다. 친구인 크리톤이
감옥으로 찾아가 소크라테스에게 탈출을 권하지요. 하지만 소크
라테스는 이렇게 말하며 탈출을 하지 않을 것을 말합니다.

　　"훌륭한 시민은 불의를 행해서는 안 되네. 국가와 시민 사이에
지켜야 할 약속이 있지. 난 그걸 지켜야 한다네. 이제 와서 내게 불
리하다고 탈출을 하면 그것은 국가와 한 약속을 깨는 것이라네.
이 나라에서 정해 놓은 법을 어길 수 없다네. 아무리 나쁜 법이라
도 지켜야 하네."

　　이처럼 소크라테스는 제자와 친구들이 탈출을 권함에도 불구하
고 자신이 가진 신념과 말에 따르지요. 결국 감옥 안에서 독약을
마신 소크라테스는 조용히 눈을 감게 됩니다.

1. 이 글은 감옥에 갇힌 소크라테스가 법의 집행에 따르는 모습을 그리고 있습니다. 그래서 후세의 사람들은 소크라테스의 이러한 일화를 "악법도 법이다."라는 한 마디 말로 함축하기도 하지요. 소크라테스처럼 악법도 따라야 하는 것인지, 그렇지 않은 것인지 둘 중에 하나를 골라 자신의 의견을 쓰시오.

※ 다음 제시문을 읽고 물음에 답하시오.

(가) 어느 날 소크라테스가 어린 자식과 단둘이 집에 있을 때였습니다. 소크라테스는 생각에 잠겨 있었고, 아내 크산티페는 외출하고 없었지요. 마당에는 아내가 남의 집에 가서 일을 하고 얻어 온 곡식이 널려 있었습니다. 그 때였습니다.

"후두두둑!"

갑자기 소나기가 쏟아지기 시작했고, 곡식이 비에 씻겨 떠내려갔습니다.

"아빠, 비가 와요."

어린 자식이 외쳤지만, 소크라테스는 생각에 잠겨 아무 말을 듣지 못했습니다. 집에 돌아온 크산티페는 화가 머리끝까지 났습니다. 남편이 너무 미워 대야에 물을 가득 떠서 소크라테스의 머리 위에 쏟아 버렸습니다.

(나) 사람들은 소크라테스의 아내를 세상에서 가장 시끄러운 여자라고 생각했습니다.

"자네는 아내의 바가지를 어떻게 견디는가?" 라는 친구의 질문에 소크라테스가 답했습니다.

"물레방아 돌아가는 소리도 귀에 익으면 하나도 괴롭지 않다네."

왜 소크라테스는 독배를 마셨을까?

(다) 어느 날, 한 명의 제자가 소크라테스에게 물었습니다.

"선생님, 결혼을 하는 게 좋습니까? 아니면 안 하는 게 좋습니까?"

"하하, 결혼을 하게나. 온순한 아내를 얻으면 행복할 것이고, 사나운 아내를 얻으면 나처럼 철학자가 될 것일세."

2. (가)~(다)는 소크라테스와 그의 아내 크산티페에 관한 일화들입니다. 악처로 유명했던 크산티페가 그렇게 행동할 수밖에 없었던 이유에 대해 쓰고, 크산티페를 변호하는 글을 쓰시오.

해답 1 소크라테스는 자신에게 내려진 사형판결을 거부하는 것은 곧 국가의 법을 거부하는 것이고, 이는 법적 안정성을 해치게 된다는 말을 하고 있습니다. 이러한 법적 안정성의 사상이 바로 '악법도 법이다'라는 말을 낳게 한 것으로 볼 수 있지요. 하지만 악법이라면, 그것이 정말 악법이라면 그 법은 지켜야 한다고 생각하지 않습니다. 당시 사람들이 소크라테스를 죽게 한 법은 인위적으로 만든 법입니다. 따라서 오류도 있고, 실수도 있고, 허점도 있게 마련이지요. 따라서 잘못된 부분이 있다면 그것은 지켜야 할 대상이 아니라 고쳐야할 대상이 되어야 마땅합니다. 우리나라도 역사상 유신헌법이 있었습니다. 하지만 이것에 시민들은 저항하고 결국에는 그 법을 고치고말았습니다. 물론 법을 지키지 않고 자신의 마음에 들지 않는다고 "이 법도 나빠!" "이 법도 악법 같은데?"라고 책임 없이 말하는 것은 옳지 않습니다. 하지만 법이라는 것이 인간이 인간답게 살기 위한 수단이 되어야지 인간을 억압하는 것으로 작용해서는 안 되는 것입니다.

해답 2 소크라테스는 늦은 나이에 자신보다 한참 어린 크산티페라는 여인과 결혼을 하였습니다. 소크라테스는 항상 지저분한 옷차림으로 다니며, 자신을 돌보거나 집안을 돌보는 대신 많은 젊은이들과 대화를 나누는 것을 좋아하였습니다. 자연 크산티페는 불평과 잔소리가 늘어날 수밖에 없었습니다. 소크라테스는 현실 감각이 없

는 남편으로 가정에 충실하지 못했고, 자연 크산티페도 불만이 생
길 수밖에 없었던 것입니다. 따라서 크산티페라는 악처는 소크라테
스 본인이 만든 것으로 보아야 합니다.

* 해답은 예시로 제시된 내용입니다.

Diels. H/Kranz, W 1952, Die Fragmente der Vorsokratiker, Bd.I-III, Berlin.

Erler, M 2006. Platon. München.

Fustel de Coulanges N 1998. Der antike Staat. Kult, Recht und Institutionen Greichenlands und Roms. München.

Gorgemanns, H 1994. Platon. Heidelberg.

Meyer. T 2000. Was ist Politik?. Opladen.

Ottmann, H 2001. Geschichte des politischen Denkens. Die Griechen von Homer bis Sokrates. Stuttgart.

Pages, F 1993. Fruhstuck bei Sokrates. München.

Paprotny T 2003. Kurze Geschichte der antiken Philosophie. Freiburg.

Platon Werke in acht Banden, (Hg) 1971-1983. Darmstadt.

Steenblock, V 2005. Sokrates & Co. Ein Treffen mit den Denkern der Antike. Darmstadt.

Werle, Josef M (Hg) 2005. Platon fur Zeitgenossen. Bildung: Die Suche nach dem Schonen, Wahren und Guten. München.

도리몽, 루이-앙드레. 2009. 김유석 옮김.『소크라테스』. 서울: 이학사.

아리스토텔레스. 1996. 이병길 최옥수 옮김.『정치학』. 서울: 박영사.

아리스토텔레스. 2008. 이창우 김재홍 강상진 옮김.『니코마코스 윤리학』. 서울: 이 제이북스.

아리스토파네스 외. 1990. 나영균 옮김.『희랍희극』. 서울: 현암신서.

육혜원. 2004. "플라톤의 「국가」에 나타난 소크라테스와 트라시마코스의 '정의'에 관한 논쟁." 『성치비평』 하반기 13호.

라에르티오스, 디오게네스. 2008. 전양범 옮김. 『그리스 철학자 열전』. 서울: 동서문화사.

마르틴, 고트프리트. 2005. 이강서 옮김. 『대화의 철학 소크라테스』. 서울: 한길사.

마틴, 토머스 R. 2004. 이종인 옮김. 『고대 그리스의 역사』. 서울: 가람기획.

수자, 필립드 외. 2009. 오태경 옮김. 『그리스 전쟁』. 서울: 플래닛미디어.

스톤, I. F. 2006. 편상범 손병석 옮김. 『소크라테스의 비밀』. 서울: 간디서원.

칸트, 임마누엘. 1992. 이한구 옮김. 『영원한 평화를 위하여』. 서울: 서광사.

커퍼드, 조지. 2004. 김남두 옮김. 『소피스트 운동』. 서울: 아카넷.

케이건, 도널드. 2004. 김지원 옮김. 『전쟁과 인간』. 서울: 세종연구원.

케이건, 도널드. 2007. 허승일 박재욱 옮김. 『펠로폰네소스 전쟁사』. 서울: 까치.

콜라이아코, 제임스 A. 2005. 김승욱 옮김. 『소크라테스의 재판』. 서울: 작가정신.

크세노폰. 2002. 최혁순 옮김. 『소크라테스 회상』. 서울: 범우사.

키토 H.D.F. 2008. 박재욱 옮김. 『고대 그리스, 그리스인들』. 서울: 갈라파고스.

테일러, C.C.W. 2001. 문창옥 옮김. 『소크라테스』. 서울: 시공사.

투키디데스. 2005. 박광순 옮김. 『펠로폰네소스 전쟁사』. 서울: 범우사.

플라실리에르, 로베르. 2003. 심현정 옮김. 『페리클레스 시대. 고대 그리스의 일상 생활』. 서울: 우물이 있는 집.

플루타르코스, 2000. 이성규 옮김, 『영웅전 전집 I, II』. 서울: 현대지성사.

해리스, 브라이언. 2009. 이보경 옮김, 『인저스티스』. 서울: 열대림.

찾아보기

역사공화국 세계사법정 07

왜 소크라테스는 독배를 마셨을까?

ⓒ 육혜원, 2010

초   판 1쇄 발행일 2010년 9월 27일
개정판 1쇄 발행일 2012년 7월 25일
개정판 6쇄 발행일 2023년 11월 10일

지은이   육혜원
그린이   박상철
펴낸이   정은영

펴낸곳   (주)자음과모음
출판등록 2001년 11월 28일 제2001-000259호
주소   10881 경기도 파주시 회동길 325-20
전화   편집부 (02) 324-2347 경영지원부 (02) 325-6047
팩스   편집부 (02) 324-2348 경영지원부 (02) 2648-1311
이메일   jamoteen@jamobook.com

ISBN 978-89-544-2407-3 (44900)

과학자가 들려주는 과학 이야기 (전 130권)

위대한 과학자들이 한국에 착륙했다!
어려운 이론이 쏙쏙 이해되는 신기한 과학수업,
〈과학자가 들려주는 과학 이야기〉 개정판과 신간 출시!

〈과학자가 들려주는 과학 이야기〉 시리즈는 어렵게만 느껴졌던 위대한 과학 이론을 최고의 과학자를 통해 쉽게 배울 수 있도록 했다. 또한 지적 호기심을 자극하는 흥미로운 실험과 이를 설명하는 이론들을 초등학교, 중학교 학생들의 눈높이에 맞춰 알기 쉽게 설명한 과학 이야기책이다.

특히 추가로 구성한 101~130권에는 청소년들이 좋아하는 동물 행동, 공룡, 식물, 인체 이야기와 최신 이론인 나노 기술, 뇌 과학 이야기 등을 넣어 교육 과정에서 배우고 있는 과학 분야뿐 아니라 최근의 과학 이론에 이르기까지 두루 배울 수 있도록 구성되어 있다.

★ *개정신판 이런 점이 달라졌다!* ★

첫째, 기존의 책을 다시 한 번 재정리하여 독자들이 더 쉽게 이해할 수 있게 만들었다.

둘째, 각 수업마다 '만화로 본문 보기'를 두어 각 수업에서 배운 내용을 한 번 더 쉽게 정리하였다.

셋째, 꼭 알아야 할 어려운 용어는 '과학자의 비밀노트'에서 보충 설명하여 독자들의 이해를 도왔다.

넷째, '과학자 소개 · 과학 연대표 · 체크, 핵심과학 · 이슈, 현대 과학 · 찾아보기'로 구성된 부록을 제공하여 본문 주제와 관련한 다양한 지식을 습득할 수 있도록 하였다.

다섯째, 더욱 세련된 디자인과 일러스트로 독자들이 읽기 편하도록 만들었다.

철학자가 들려주는 철학 이야기 (전 100권)

아이들의 눈높이에 맞춘 철학 동화!
책 읽는 재미와 철학 공부를 자연스럽게 연결한 놀라운 구성!

대부분의 녹자들이 어렵게 느끼는 철학을 동화 형식을 이용해 읽기 쉽게 접근한 책이다. 우리의 삶과 세상, 인간관계에 대해 어려서부터 진지하게 느끼고 고민할 수 있도록, 해당 철학 사조와 철학자들의 사상을 최대한 풀어 썼다.

이 시리즈의 가장 큰 장점은 내용과 형식의 조화로, 아이들이 흔히 겪을 수 있는 일상사를 철학 이론으로 해석하고 재미있는 이야기로 담은 것이다. 또한 아이들의 눈높이에 맞는 쉽고 명쾌한 해설인 '철학 돋보기'를 덧붙였으며, 각 권마다 줄거리나 철학자의 사상을 상징적으로 표현한 삽화로 읽는 재미를 더한다. 철학 동화를 이끌어가는 주인공을 형상화하고 내용의 포인트를 상징적으로 표현한 삽화는 아이들의 눈을 즐겁게 만들어준다. 무엇보다 이 시리즈는 철학이 우리 생활 한가운데 들어와 있고, 일상이 곧 철학이라는 사실을 잘 보여준다. 무엇보다 자기 자신을 극복한다는 것, 인간을 사랑한다는 것, 진정한 인간이 된다는 것, 현실과 자기 자신을 긍정한다는 것 등의 의미를 아이들의 시선에서 풀어내고 있다.

서울대를 포함한 상위권 대학교의 논술과 수능 연계

경제학자가 들려주는

경제 이야기
(20권 출간)

박주헌 외 지음 | (주)자음과모음

| 지루했던 경제가 재미있는 고전으로 살아나다!
| 수능과 논술에 반드시 나오는 경제 이야기

이 책의 구성

1. 각 단원마다 연계시킨 기출 문제를 통해 수능과 논술에 효과적으로 대비할 수 있습니다.
2. 교과서 내 설명을 덧붙임으로써 학생들이 초·중·고 교과 과정에 익숙해질 수 있습니다.
3. 일상생활에서 경험할 수 있는 다양한 사례를 제시함으로써 우리 아이가 올바른 경제 습관을 형성할 수 있도록 합니다.
4. 딱딱한 경제를 역사, 문화, 생활 속 이야기로 풀어내어 학생들의 폭넓은 이해를 돕는 훌륭한 인문 교양서입니다.

〈경제학자가 들려주는 경제 이야기〉에서는 어렵고 아리송한 경제 이야기를 경제학자가 직접 이야기하듯이 전달하여 재미를 더합니다. 다양한 사례들을 통해 경제 이야기를 접하다 보면 우리가 살고 있는 사회와 경제의 다양한 관계를 입체적으로 살펴볼 수 있습니다.

과학공화국 법정시리즈 (전 50권)

생활 속에서 배우는 기상천외한 수학·과학 교과서!
수학과 과학을 법정에 세워 '원리'를 밝혀낸다!

이 책은 과학공화국에서 일어나는 사건들과 사건을 다루는 법정 공판을 통해 청소년들에게 과학의 재미에 흠뻑 빠져들게 할 수 있는 기회를 제공한다. 우리 생활 속에서 일어날 만한 우스꽝스럽고도 호기심을 자극하는 사건들을 통하여 청소년들이 자연스럽게 과학의 원리를 깨달으면서 동시에 학습에 대한 흥미를 가질 수 있도록 구성하였다.